河南省教育科学规划重大招标课题

河南省职业教育经费投入体制与机制创新研究

解福泉　等　著

人民交通出版社股份有限公司
China Communications Press Co.,Ltd.

内 容 提 要

本书从当前职业教育经费投入存在的问题入手,从全方位、多角度提出了职业教育经费投入体制机制存在的问题、问题成因及应对措施,进而从职业教育经费的激励机制、长效机制、投入分配机制、动态考核机制、监管机制等方面提出了职业教育经费投入体制机制的保障体系。

本书陈述的研究成果可应用于河南省职业教育经费投入体制机制改革操作和实际管理工作中,具有重要的理论价值与现实意义。

图书在版编目(CIP)数据

河南省职业教育经费投入体制与机制创新研究 / 解福泉等著.—北京 : 人民交通出版社股份有限公司, 2018.12

ISBN 978-7-114-15127-9

Ⅰ. ①河… Ⅱ. ①解… Ⅲ. ①职业教育—教育经费—投入机制—河南 Ⅳ. ①G719.2

中国版本图书馆 CIP 数据核字(2018)第 250549 号

书　　名: 河南省职业教育经费投入体制与机制创新研究
著 作 者: 解福泉　等
责任编辑: 张一梅
责任校对: 张　贺
责任印制: 张　凯
出版发行: 人民交通出版社股份有限公司
地　　址: (100011)北京市朝阳区安定门外外馆斜街 3 号
网　　址: http://www.ccpress.com.cn
销售电话: (010)59757973
总 经 销: 人民交通出版社股份有限公司发行部
经　　销: 各地新华书店
印　　刷: 北京虎彩文化传播有限公司
开　　本: 787 × 1092　1/16
印　　张: 7.5
字　　数: 171 千
版　　次: 2018 年 12 月　第 1 版
印　　次: 2018 年 12 月　第 1 次印刷
书　　号: ISBN 978-7-114-15127-9
定　　价: 30.00 元

河南省教育科学规划重大招标课题
河南省职业教育经费投入体制与机制创新研究
课题批准号:[2016]-JKGHZDZB-15

主　持　人:解福泉
课题组成员:朱学军　刘向杰　吴笑伟　邵景干　吴运友
轩照振　姬中平　李　扬　杨海鸽

前言

习近平总书记在党的十九大报告中明确指出："建设教育强国是中华民族伟大复兴的基础工程，必须把教育事业放在优先位置，深化教育改革，加快教育现代化，办好人民满意的教育。"国家中长期教育改革和发展规划纲要明确提出要加大力度发展职业教育，健全职业教育经费多渠道投入机制，促进职业教育健康发展。改革开放40年以来，在国家及省教育部门的努力下，河南省的高等职业教育取得了较大的成绩，推动了河南省地方经济社会的发展。高职教育发展离不开经费的投入，从目前的情况看，河南省高职教育经费投入取得了较大的成就，但高职教育经费投入却滞后于规模的扩张与内涵建设，其基本投资的结构比较单一，主要在于政府投入，企业投入占比相对较小。

当前，经济社会和人民群众对优质职业教育的需求日益增长，经济社会和人民群众对优质职业教育的需求和职业教育发展不平衡、不充分的矛盾日益凸显。要解决这一矛盾，关键在于解决职业教育经费投入问题。本书系统地研究、分析了"十二五"以来河南省职业教育经费投入体制机制的现状、存在的突出问题以及其成因，并提出了相应的对策建议。这对完善河南省职业教育经费投入体制机制、持续增加职业教育办学活力具有重要的学术价值和参考意义。

本书是解福泉教授主持的河南省教育科学规划重大招标课题——"河南省职业教育经费投入体制与机制创新研究"的同名书稿。本书是课题组全体人员集体智慧的结晶。河南省教育厅、河南省财政厅的专家们在此项研究过程中提供了许多帮助，在成书过程中河南省教育科学研究院提出许多宝贵意见，课题组在此一并致谢。

由于时间仓促以及作者水平有限，书中难免存在不妥或疏漏之处，恳请广大学者批评指正，以便及时修正。

作　者

2018年9月

目录

第一章 绪论

国家中长期教育改革和发展规划纲要明确提出，要加大力度发展职业教育，健全职业教育经费多渠道投入机制，促进职业教育健康发展。改革开放40年以来，在国家及省教育部门的努力下，河南省的职业教育取得了较大的成绩，推动了河南省地方经济社会的发展。职业教育发展离不开经费的投入，从目前的情况看，近年来河南省职业教育经费投入取得了较大的成就，但职业教育经费投入却滞后于规模的扩张与内涵建设。其基本投资的结构主要在于政府投入，企业投入占比相对较小，结构比较单一。为了研究方便，本课题重在探讨河南省高职教育经费投入的理论与实践，分析经费投入存在的问题，并提出有效的建议与举措。

第一节 国内外研究现状

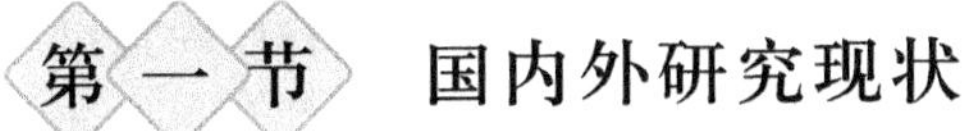

一 国外有关问题研究现状

澳大利亚为发展职业教育保障经费的投入，颁布了一系列有关职业教育经费方面的法律、法规。首先，政府拨款、企业投资和个人投入是职业院校办学经费的重要来源。澳大利亚国家培训署主要负责联邦、州政府用来发展职业教育的教育财政拨款。职业教育与培训是保证企业竞争力的重要手段，这一点已得到各行业、各企业的认可。行业企业既可以为职业院校学生提供实习岗位、也可以通过奖学金资助学生，还可以为职业院校建设实训基地。其次，运用法律等相关法规明确有关各方的职责，作为保障职业教育发展经费的一种强有力措施。为保障职业教育健康发展，联邦政府颁布了一系列职业教育法规：1988年出台了《学校资助法》，1989年颁布《拨款（技术与继续教育资助）法》，1992年颁布《职业教育与培训资助法》等；澳大利亚各州颁布的涉及职业教育经费的法规主要有：南澳大利亚州于1975年颁布的《技术与继续教育法》，1985年塔斯马尼亚州出台的《工商业培训法》，1989年首都地区出台的《职业培训法》，1989年新南威尔士州出台的《工商业培训法》、1990年又颁布了《职业教育培训鉴定法》，1990年维多利亚州颁布的《职业教育培训法》，1991年昆士兰州出台的《职业教育培训、就业法》以及北部地区出台的《就业培训法》。与此同时，为了提升行业企业参与职业教育的积极性，明确行业企业在职业教育发展中的主体地位、权利与义务，1990年，联邦政府正式颁布《培训保障法》并予以实施。法律明确规定：年收入超过23万澳元的企业雇主要将1.5%的工资预算用来对企业职工进行技术培训。每一个财政年度，凡是培训费用未达标的企业雇主，须向国家有关机构缴纳差额。在职业院校办学经费管理上，国家培训署主要负责职业教育投入经费管理，而由州（或领地）教育培训部门（或相关管理机构）管理办学经费，对职业教育项目进行公开招标则是澳大利亚管理职业教育经费的普遍方式。澳大利亚对职业教育经费进行管理最显著的特点就是商业化拨款，拨款的商业化极大地提高了职业院校使用办学经费的效益。商业化拨款、尽可能多地筹措职业教育办学经费、职业教育经费使用集约化是澳大利亚职业教育经费管理遵循的基本方针和原则。通过政府调控实现对教育经费投入的控制是澳大利亚职业院校办学教育经费投入保障体制的成功之处。运用政府调控机制，国家采用法律手段规范职业教育经费各投入主体的职责。如TAFE学院为了扩大经费来源，建立了学费收缴与调整制度，实现了职业教育办学经费的投入保障。

日本通过发放培训券、学习券、学习补贴等形式鼓励国民参加职业培训，提高了国民参与职业教育的积极性。德国职业教育最显著的特点是双元制，职业教育立足行业企业与职业院校两元办学主体，其经费来源主要有两个：企业分担了职业培训的大部分费用，而各级政府的经费投入则主要用于职业学校的基本办学。行业企业是德国职业教育经费来源的绝对主体，企业分担了职业教育办学的大量费用。行业企业投入教育经费的主要形式有直接投入与投资捐助两种。美国则通过州政府及地方政府拨款来支持社区学院的办学与发展。美国联邦政府主要通过立法来保证联邦政府对职业教育经费投入的连续性，这是美国联邦政府对社区学院教育经费投入保障机制的突出特征。

二 国内有关问题研究现状

在职业教育经费投入主体方面，全国政协委员王军伟认为，务必满足职业院校办学条件适应职业教育快速发展的需求。要加大职业教育经费投入力度，需要在顶层统筹设计，须统筹进行规划决策，并协调好各级地方财政，确保逐层落实。还要建立职业教育办学经费合理分担机制，依据企事业单位实际，鼓励、引导社会力量兴办职业教育，加快建设实训机构（或中心），出台优惠政策，给予提供学生实习岗位的企业必要的税费减免。

郭国侠认为，公共财政对职业教育的投入是公共财政的主要职能，是职业教育的物质基础。王凤羽认为，农村职业教育经费保障不足严重制约农村职业教育的发展。发展职业教育要在明确农村职业教育经费来源渠道以及校企合作模式外，立法明确规定个人、企业、社会团体捐赠行为。改革完善职业教育经费保障机制的思路就是要改变职业教育经费投入以公共财政投入为主的现状，逐渐调整为在政府引导下的职业院校举办者投入以及资助办学、面向社会筹措经费的多元经费投入保障体制。何璇针对各省区市经济发展的差异，提出教育经费投入应以省区市为主，而不是仅仅依靠区县财政，即区县政府部门按适当比例对职业教育经费投入进行配套和管理。应由省、市级政府统一调控职业院校的办学经费，通过财政倾斜和补偿政策来缓解区县级政府的财政压力，以保证财政收入较差区县的职业院校也能得到较为充足的办学经费保障。此外，还应加大农村地区财政转移支付的力度，避免职业教育发展水平城乡差距进一步扩大。黄磊认为，我国高职教育经费投入存在的问题在于以下几个方面:经费投入的总量不足,非均衡性,保障机制不健全。朱爱国建议,要统筹职业教育的经费分配使用,逐步形成“一元保障,多元投入”的局面,各级政府应尽快建立公共财政职业教育经费增长体制,出台职业教育专项经费管理制度,明确政府各级部门举办职业院校的具体职责,明晰项目经费投向以及项目绩效考评方式等。

在职业教育经费监管方面,耿洁提出,要实行审计公告制度,提高经费使用效益。政府相关部门要实施审计公告制度,建立职业教育公共财政经费投入的绩效评价指标体系,并在经费预算使用、分配与投入监管等方面进行检查监督,确保职业院校办学经费的使用效率与效益,还要明确职业教育财政经费的绩效评价方法、标准以及流程等。依据职业教育经费运行环节,制订绩效评价方法,对经费使用的管理、实施程序、方法步骤进行监管,也可采用第三方对公共财政经费使用进行监控与跟踪,尽快建立职业教育经费审计公告制度与责任追究机制。

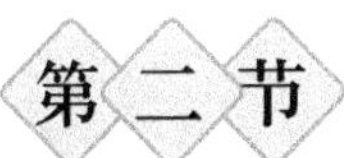

第二节 职业教育经费投入的理论依据及概念界定

一 职业教育经费投入的理论依据

根据公共经济学理论,职业教育有双重属性,第一,受教育者通过职业教育服务,其参与社会竞争的能力得到大大提升,某个公民到高职院校学习,就减少了别人接受高职教育的机会。因此说,职业教育具有一定的个人产品属性。第二,接受职业教育,特别是高等职业教育,可以明显提高受教育者的未来收益,如职务升迁、工资提高、福利提高等。它不仅提高了增加个人未来收益的可能,还使社会同时受益,产生个人以外积极的社会正效应。由于职业教育具备一定的外部性,所以,职业教育产品也相应具备一定的公共产品属性。职业教育介于私人物品和公共物品之间,其未来收益具有不确定性,其公办职业教育对受教育者的收费只能弥补部分成本;而对于某个企业来说,由于接受高等职业教育的毕业生的数量大于其需求,毕业生对就业岗位而言具有非竞争性与非排他性,具有公共物品的特性,所以私营企业对教育的投入积极性较低。职业教育大部分资金投入只能依靠政府提供财政补贴。只有这样,才能实现高职教育正常运转,满足社会公众对高职教育的需求。朱爱国认为,国家公共财政教育经费在职业教育发展中应该是占比最大的,是职业教育经费投入的重要组成。刘晓认为,在职业教育改革不断深化的新常态下,政府财政不断加大教育经费投入是大势所趋,但从中还应该看到,不少院校机构专业重复设置,实训基地建设水平低下,试验设备购置后束之高阁、利用率低下,实训教学质量不高。所以,应加大职业教育经费的使用监管。黄磊指出,职业教育公共财政经费投入常滞后于职业教育规模的扩张与内涵建设,其基本投资主要在于政府财政投入,企业投入占比相对较小,投入结构较为单一。

二 课题中相关概念的界定

为简化文中名词的字段,本课题对名词进行了简单的缩略,具体如下:

(1)职业教育经费指河南省职业教育公共财政事业性经费。

(2)职业教育生均公共经费指的是河南省职业教育生均公共财政事业性经费。

(3)省级财政资金是指省级预算内资金用于职业教育的资金。

(4)市级地方财政资金是指市级财政预算资金用于职业教育的资金。

第三节 职业教育经费中省级财政与地方财政之间的平衡博弈

我们可以用静态博弈说明省级政府与市级政府在职业教育资金方面的投入,用 C 和 L 分别代表省级政府和市级政府,E 和 I 分别代表职业教育经费投入和项目经费投入,E_C 表示职业教育经费中省级财政的投入,E_L 表示职业教育经费中市级财政的投入,I_C 表示职业教育项目投入中 省级财政的投入,I_L 表示 市级财政对职业教育项目的投入。假设省级财政和市级财政的收益函数分别取如下柯布道格拉斯公式:

省级财政经费投入:

$$R_C = (E_C + E_L)^{\gamma} (I_C + I_E)^{\beta} \tag{1-1}$$

市级财政经费投入:

$$R_L = (E_C + E_L)^{\alpha} (I_C + I_E)^{\beta} \tag{1-2}$$

设$0 < \alpha,\beta,\gamma < 1;\alpha + \beta \leqslant 1;\gamma + \beta \leqslant 1$ 。由于职业教育投入具有外部性,省级政府考虑全省的职业教育对经济社会的影响,而市级政府站在本地的发展方面考虑,所以,我们假定$\alpha < \beta$ 。

在省级财政与地方财政之间的平衡博弈中,假定一级财政给定另一级财政投资分配,省级财政与市级财政的战略分别为各自投资分配。用 B_C 和 B_L 分别表示省级政府和市级政府用于投资的总预算。假设省级财政和市级财政目标均必须满足各自的预算约束并使自身的收益函数最大,则省级财政面临的问题为:

$$\max_{(E_C,I_C)} R_C = (E_C + E_L)^{\gamma} (I_C + I_E)^{\beta} \tag{1-3}$$

$$\text{S.t. } E_C + I_C \leqslant B_C, E_C \geqslant 0, I_C \geqslant 0 \tag{1-4}$$

同样,市级财政面临的问题为:

$$\max_{(E_L,I_L)} R_L = (E_C + E_L)^{\alpha}(I_C + I_L)^{\beta} \tag{1-5}$$

$$\text{S.t. } E_L + I_L \leqslant B_L, E_L \geqslant 0, I_L \geqslant 0 \tag{1-6}$$

假定在预算约束下,式(1-6)成立,即所有的经费投入用来投资。根据一阶最优化问题平衡博弈条件,可得出省级政府和市级政府的反应函数应是:

省级政府:

$$E_C^* = \max\left\{\frac{\gamma}{\gamma + \beta}(B_C + B_L) - E_L, 0\right\} \tag{1-7}$$

市级政府:

$$E_L^* = \max\left\{\frac{\alpha}{\alpha + \beta}(B_C + B_L) - E_C, 0\right\} \tag{1-8}$$

式(1-8),我们用预算约束消去了 I_C 、I_L 。也就是说,省级财政每多投入一个单位的资金,市级财政将减少一个单位的投入。省级政府要求的职业教育的投资规模要大于地方政府的投资规模,一方面,职业教育有外溢效应,每一个地方政府都想从其他地方的教育中受益。另一方面,地方从职业教育中获得的直接积极的效应不明显。因此,我们得出以下公式:

$$E_C^* + E_L = \frac{\gamma}{\gamma+\beta}(B_C + B_L) > \frac{\alpha}{\alpha+\beta}(B_C + B_L) = E_L^* + E_C \tag{1-9}$$

上述公式表明,博弈的最优点出在 $E_L^* = 0$ 的点。

根据上述公式,我们得出如下结论:

推论1:如果省级预算资金 B_C 满足: $B_C \geqslant \frac{\gamma}{\gamma+\beta}(B_C + B_L)$,则纳什均衡是:

$$E_L^* = 0 \tag{1-10}$$

$$I_L^* = B_L \tag{1-11}$$

$$E_C^* = \frac{\gamma}{\gamma+\beta}(B_C + B_L) \tag{1-12}$$

$$I_C^* = B_C - \frac{\gamma}{\gamma+\beta}(B_C + B_L) \tag{1-13}$$

也即是说,如果省级财政满足要求,省级政府将预算的职教财政资金用于基础设施建设;地方政府将预算的职教资金财政资金用于职业教育的项目建设。

如果考虑 $\frac{\gamma}{\gamma+\beta}(B_C + B_L) > B_C \geqslant \frac{\alpha}{\alpha+\beta}(B_C + B_L)$,即省级财政预算职业教育资金小于理想的职业教育基础设施最优投资规模但大于地方政府设想的基础设施最优投资规模,容易证明以下推论。

推论2:如果; $\frac{\gamma}{\gamma+\beta}(B_C + B_L) > B_C \geqslant \frac{\alpha}{\alpha+\beta}(B_C + B_L)$,则纳什均衡是:

$$E_L^* = 0 \tag{1-14}$$

$$I_L^* = B_L \tag{1-15}$$

$$E_C^* = B_C \tag{1-16}$$

$$I_C^* = 0 \tag{1-17}$$

此时,省级财政资金全部投资于职业教育的基础设施建设,地方职业教育资金投资于职业教育的项目建设。

第三种情况是:如果省级政府职教预算资金小于地方理想的职业教育基础设施投资,即 $B_C < \frac{\alpha}{\alpha+\beta}(B_C + B_L)$,容易证明以下推论。

推论3:如果 $B_C < \frac{\alpha}{\alpha+\beta}(B_C + B_L)$,则纳什均衡是:

$$E_L^* = \frac{\alpha}{\alpha+\beta}(B_C + B_L) - B_C = \frac{\alpha}{\alpha+\beta}B_L - \frac{\beta}{\alpha+\beta}B_C > 0 \tag{1-18}$$

$$I_L^* = B_L - E_L^* = \frac{\beta}{\alpha+\beta}(B_C + B_L) > 0 \tag{1-19}$$

$$E_C^* = B_C \tag{1-20}$$

$$I_{C}^{*} = 0 \tag{1-21}$$

根据式(1-18)、式(1-19)、式(1-20)、式(1-21)可看出,省级财政资金将优先用于职业教育的基础设施建设,资金不足的部分由地方进行补充,达到最优规模后,地方资金投资于职业教育的专项资金中。

从结论看,省级财政偏向于基础设施建设,地方财政偏向于项目建设。这说明学校建设的外溢性明显。从全局考虑,上级政府要考虑职业院校的布局与建设,而地方政府则注重短期的效益,注重专业建设与当地经济发展的关联性,项目建设符合了这一要求。但是由于职业教育基础设施没有外溢性,比较直观,具有政绩的效应,而项目建设效果不是太明显。在项目建设的效果不显著的情况下,反而造成省级政府与地方政府的错位思考。

第二章 职业教育经费投入政策之变革历程

教育经费是指政府投入于教育事业发展中的专项财政资金。教育经费主要由教育事业经费和教育基本建设投资两个板块构成。其中,教育事业经费又包括人员经费和公用经费。教育基本建设投资一般是指建设教学楼、学生宿舍和购置用于日常教学工作所需大型设备的费用。一般情况下,教育经费的支付形式以货币为主,是教育活动开展必不可少的前提条件和物质基础。我国的教育经费主要是指国家为了保障教育事业持续、稳定发展,实际用于各级教育事业的费用。职业教育经费,顾名思义,指的是国家为了保障职业教育持续、稳定发展,实际用于职业教育事业的各种费用。

《国家中长期教育改革和发展规划纲要(2010—2020 年)》指出:“教育是民族振兴、社会进步的基石,是提高国民素质、促进人的全面发展的根本途径。强国必强教,强国先强教。”中华人民共和国成立 60 余年来,伴随着共和国前进的步伐,我国职业教育经历了一个艰苦创业、曲折复杂的发展历程。改革开放和新型工业化的快速推进,党和政府不断提高教育在国民经济发展中的重要地位,为职业教育提供了前所未有的发展机遇。特别是进入新世纪以来,我国职业教育快速发展,取得了显著的办学成绩,成了国民教育体系不可或缺的重要组成部分,为我国经济建设培养了一大批技术技能人才,促进了我国社会主义市场经济的发展。而经费是教育事业发展的重要支柱,是教育事业发展的资金保证,是教育事业发展的助推器。教育投入是支撑国家长远发展的基础性、战略性投资,是发展教育事业的重要物质基础,是公共财政保障的重点,是保障教育实施的重中之重,多年来,党和国家始终重视职业教育经费投入,先后出台了一系列加大教育财政投入的政策措施。

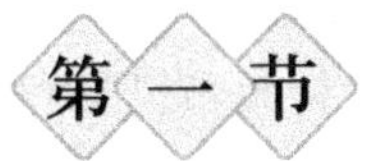

第一节 我国职业教育经费的主要来源

教育事业是一项需要大量资金投入的事业,而发展职业教育对国家、企业和个人都有重大意义。对国家而言,职业教育不仅有其经济功能,还有其广泛的社会、政治及文化功能与价值。如职业教育能培养社会急需人才来满足经济的高速发展需求,能提高劳动者的就业能力以缓解社会失业压力、保持社会稳定,能提升国民的整体素质从而增强综合国力等;对企业而言,它能提供高素质的技能人才以满足企业发展需要;对个人而言,有利于提高个人在劳动力市场上的价值,有利于劳动者社会地位的提升,有利于提高收入、改善生活水平等。本着“谁受益、谁投入”的原则,以教育经费的投入主体角度来划分,政府投入、社会力量投入、个人投入是职业教育的三种主要经费筹措渠道。

一 政府投入是职业教育办学经费的主要来源

国家财政性教育经费是我国教育经费的主要来源。其中国家财政性经费和财政预算内教育拨款在教育经费来源的所有渠道中所占比重最大。《中华人民共和国教育法》明确规定,“国家建立以财政拨款为主,其他多种渠道筹措教育经费为辅的体制。”同时,政府应从法律上明确职业教育的地位及经费在各级政府财政支出中所占比例,并在教育预算和支出中单列,切实保证职业教育学生人均公用经费的实质性增长,逐步建立和完善职业教育资金投入的监督保障机制。我国政府对高等职业教育投入方式已由单一化走向多元化。过去政府对职业教育的投入主要是创办职业学校,政府的财政拨款主要应用于职业学校的建立和管理。现在,政府已经考虑到教育资源的稀缺性,在继续对职业教育财政投入的基础上力图通过多种方式吸引社会资金的融入。目前,新的投入方式有以下几种。

1. 资产重组

一般来说,职业教育资产重组必须以政府即学校的最大投资者为主导,本着“谁投资、谁收益、谁主管”的原则,担负起对职业教育资产进行重组的责任,在对职业学校科学评价与对教育市场充分研究的基础上,以立法、拨款等方式进行。本质上说,教育资产重组是一种优化教育资源配置的方式。回收资产、资产兼并、资产联合是资产重组的主要形式,资产经营权转制、资产组成多样化、资产委托管理等方法也可以加强职业教育资产的利用效率。一些优质学校可以采用股份制改革的办法,使学校资本组成多样化,提高办学效益。其主要方式有:将职业学校合并、异地重建、创办教育园区等;将原具有商业开发价值的资源进行置换,取得职业教育新一轮发展的资金等。

2. 专项资金投入

职业教育在实习基地设置、实习设备购置和实习材料消耗上所需经费要比普通高等教育的花费高得多。近几年,各地政府都加大了对职业教育的财政投入,拨出专项资金用于高等职业学校实训基地等方面的建设。例如,上海从2006年起正式设立上海市职业教育发展专项资金,并将其列入市级财政年度教育经费预算。该专项资金的适用范围为上海从事学历教育的全日制高等职业院校和市属中等职业技术学校。专项资金将主要用于职业院校教育教学设施、实训设施的设备配备以及重点专业建设和课程教材改革,同时还将支持由市财政局、市教委统一组织实施的项目。其中包括职业院校骨干教师集中统一培训补贴、上海社会经济发展所需紧缺人才培养的经费补贴等。

3. 建设性贷款贴息

职业学校建设投入需要更多的财政资金支持。如果政府启动建设性贴息贷款,就能使有限的财政资金发挥出最大作用,缓解高等职业学校建设资金的不足的状况。贴息专项资金体现了政府财政拨款的“杠杆”效应。例如,安徽省自2003年开始,从省级职业教育专项经费中安排专项资金,用于职业学校建设性贷款的贴息。省政府要求各市、县、市、区的财政部门也要相应地安排专项贴息资金。安徽省财政厅和教育厅对建设性贷款贴息专项资金的管理规定要求做到专款专用、专户存储。

4. 学费补贴

各级政府应对高等职业教育的生均费用提供补贴，确保职校生均公用经费逐年增长。同时，各级政府还对紧俏专业提供学费补助，鼓励学生就读经济发展急需的、与先进制造业密切相关的紧缺专业。如宁波市对就读涉农专业的学生，一般每生每学年补助 2000 元；就读数控技术应用、机械加工技术、机电技术应用、模具设计与制造专业的，对学年成绩和品德考核合格的学生，可获得与学年学费等值的奖学金补助。这实质上是对上述五个专业的合格学生实行学费全免政策。

5. 培训补贴

为了使劳动力市场与经济发展保持一致，政府对公民的职前职后培训需用提供补贴。例如，根据劳动力市场的供求比例和需求情况，上海市劳动和社会保障局自 2005 年 3 月发布了政府补贴培训的职业工种目录。参加享受政府培训费用补贴的人，经鉴定合格后，将享受政府用于培训费用的补贴。

6. 教育费附加

教育费附加是国务院为教育事业建设而开征的一种费种。具体来说，教育费附加是对从事生产经营活动的单位和个人，以其实际缴纳的增值税、消费税和营业税为计费依据，按照规定的费率计算征收的专项用于文化教育的一种费用。国务院颁布的《关于大力推进职业教育改革与发展的决定》规定了城市教育费附加和企业职工教育经费用于职业教育的比例，这是一项行之有效的政策。

二　社会力量投入是职业教育经费来源的重要补充

社会力量对职业教育的投入，是职业教育经费来源的重要补充，填补了政府财政支持的不足。随着《中华人民共和国民办教育促进法》和我国公共部门对民营资金的开放，社会力量投入职业教育的渠道也由单一性走向多元化。过去，社会力量投入职业教育多为国内外企业以及社会各界的捐助款；现在，社会各界特别是企业已通过多种方式直接参与职业教育。

1. 大力发展民办高等职业教育

根据《民办教育促进法》《民办教育促进法实施条例》，社会力量可以组建高等职业学校和职业技能培训机构。在国家投入不足的情况下，能否发展高等职业教育，培养大批实用型、职业型人才，近些年来的教育改革实践已经做出了肯定回答：这就是发展民办职业教育。因此出现了国有民办、民办公助、私立民办、股份合办、集团办学等多种民办职业教育形式。

2. 实行校企合作

在校企合作中，企业投入最主要的方式是提供场地费用、科研费用、设备费用等。例如，河南交通职业技术学院已同一百多家企业建立了良好的实习、实训、教学、科研合作关系。学院充分利用社会资源建设校内外实训基地，学院与企业共建实习车间，与浙江联通公司合建联通信息系，学院出场地，联通公司则投入大量最先进的设备共建展示中心。这样，学生能够了解、接触企业，接触市场上最先进的设施设备，能够充分感受企业文化。当然，追求利润最大化是企业参加合作教育的最主要动因。企业对人力资源开发的投入基本上由能否扩大资本和拓展市场两个因素决定的。随着企业对技术工人的需求和市场竞争的压力，企业对职业教育和培训的投入将逐渐成为一种投资行为。

3. 海外资金支持

较之前面几种方式，海外资金办学是我国对外开放过程中出现的独特的融资渠道。海外资金包括联合国教科文组织以及国外机构参与国内举办职业教育的资金。随着我国服务机构对国外资金的开放，更多的海外资金将融入我国职业教育之中。

三 个人投入

个人投入指受教育者的个人投入。美国学者詹姆斯的研究表明，一个国家在其经济发展的早期阶段，学校主要依赖收费维持，这不仅普遍地见诸发展中国家，而且也是发达国家在教育发展中所经历的过程。我国现在正处于经济发展的增长阶段，个人投入作为高职教育主要经费来源的局面将会持续一个很长的时间，因此适当地收取学费等已成为高等职业教育经费来源的渠道之一。受教育者作为高等职业教育的受益者，分担高等职业教育经费成本是必然的。高等职业教育中个人的基本教育支出包含学杂费、学校指定的教材及参考资料费、文具费、住宿费、交通费、生活费、衣着及生活日用品等费用；选择性教育支出，指为选择比较优秀的学校或异地求学而支付的择校费以及捐资集资；自愿教育支出，包含各种课外辅导班、兴趣班费用和课外书籍费。个人资金投入也由单一性转向多元化，表现为个人对接受高等职业教育的自主选择权。如个人投入职业教育的目的从获得学历证书转向获得各种职业资格证书；从学习知识转向掌握各种专业能力。个人也可通过政府推行的教育券制度自主择校和选择政府创办的或社会创办的培训机构。

各个渠道经费的均衡投入是职业教育稳定发展的保障。从现状来看，我国职业教育经费的政府投入、社会力量投入、个人投入这三种筹措渠道中，社会力量投入较低。政府在职业教育经费筹资中主要起杠杆作用，即一方面通过政府引导性的财政投入吸引更多社会资金的融入；另一方面，通过财政调节引导职业教育的均衡发展。因此，职业教育特别需要政府发挥引导作用。在投融资体制及手段上，要广泛运用财政贴息、政府控股或参股、财政担保等手段，充分吸纳社会资金参与教育投入；对于社会团体和个人的捐赠应给予减免，形成激励机制；为个人投资提供准确的学校办学质量信息等。

总之，我国职业教育经费融资渠道，包括各个融资渠道内部都已呈现出由单一走向多元化的发展趋势。政府应在巩固其投入主体地位的同时，进一步改进职业教育经费多元化的投资机制。本章将重点研究政府在职业教育经费投资政策方面的主要变革历程。

第二节 我国职业教育经费投入的政策回顾

我国现代职业教育的萌芽发端于清末始于洋务派的扶持，当时称之为“实业教育”，直至

1922年民国“壬戌学制”改革，将“实业教育”正式更名为“职业教育”。中华人民共和国成立以来，我国职业教育历经了几个阶段，国内局势大起大落对职业教育造成了严重的影响。改革开放以来，中共中央于1985年出台了《中共中央关于教育体制改革的决定》，明确提出了“要改革同社会主义现代化不相适应的教育思想、教育内容、教育方法。经过改革，要开创教育工作的新局面，使基础教育得到切实的加强，职业技术教育得到广泛的发展”，并确定目标“在1995年左右普及初中阶段的普通教育或职业和技术教育”。1996年《中华人民共和国职业教育法》正式颁布，在政府财政的大力支持下，我国开始了对现代职业教育的探索。我国职业教育的蓬勃发展离不开教育经费的投入，教育经费投资体制的变化离不开社会进步、经济体制和国家政策的影响，为了更好地了解职业教育发展的整个历程，从历史的角度研究职业教育经费体制发生的变化是十分必要的。

一　改革整顿时期(1949—1977年)

中华人民共和国成立初期，我国学习苏联的经验，逐步建立了高度集中的计划经济体制。与此相应，建立起了“统收统支、三级管理”的预算财政管理体制。统收统支是地方代理中央组织财政收入，并一律上交中央金库；地方政府的一切开支均须中央统一审核，逐级拨付。三级管理是指实行中央、省(自治区、直辖市)、县三级分级管理。财政上实行统收统支的政策，形成了单一的计划经济模式，我国的中等职业教育投资体制就是在高度集中的计划经济体制下形成的。其特征为：投资办学主体单一，决策高度集中，以国家的指令来调节资源的配置，实行条块分割，多头管理的投资体制。

1952年3月，政务院《关于整顿和发展中等技术教育的指示》规定，“中等技术学校的经费，应按三级财政制度，分层负责解决。中央、大行政区及省(市)人民政府的有关业务部门应将技术教育经费作为建设资金的一部分列入自己的预算。”同年教育部发出的《中等技术学校暂行实施办法》规定，“中等技术学校的经费，按财政制度由各主管部门拨给，由学校编造预算，报主管部门批准。”这个时期，整个中等教育系统内部各类性质学校的基本建设费由国家基建投资来解决。在高度集中的计划经济体制下，各部门及企事业单位只不过是政府的附属机构，学校没有办学的自主权，也不承担任何投资风险。政府是唯一的投资办学主体，所决定的资金使用方式也是按照指令、计划、指标进行层层审批。这期间我国的职业学校数量明显上升，直到1960年，学校总数发生了巨大的变化：1949年仅仅561所，而到了1960年壮大到4261所，在短短的11年间，学校的总数增加了3700所左右，在校生人数从1949—1960年的7.69万人上升到137.74万人，增长速度令人吃惊。在计划经济时代，这种高度集权的投资体制曾发挥过积极作用，缓解了我国成立初期学校数量不足、人才短缺的状况。但是随着社会经济的发展，高度集中的投资体制的弊端日益突出，尤其到20世纪80年代，资金短缺和资金使用率低的问题尤为突出，职业教育投资体制的改革势在必行。

1961—1977年的这一时期，中等职业学校没有办学的自主权，也对投资不承担任何风险，由国家的基建投资来解决学校的资金使用去向。中等职业学校的经费，主要是由财政部门的主管部门拨给、批准学校的编造预算。这一时期，国家适应经济发展需要，对招生规模和学校数量的发展状况进行大力调整,从而裁、并掉 1958 年后建立的条件很差的新校和布局不够合理、设置重复的老校,所有保留的中等专业学校,改变招生模式,实行内招,控制中等职业教育发展超过常规的发展状态。

国家计委和国务院科教组《关于中等专业学校、技工学校办学中几个问题的意见》中强调:“要抓紧做好中等专业学校的调整、规划、布局工作,根据需要和可能,有计划地适当发展”,所以到 1973 年全国中等专业学校又开始了复苏式发展。

二 迅速发展时期(1978—1998 年)

党的十一届三中全会以来,随着我国经济体制改革的不断深化,单一的教育投资体制与我国教育事业发展之间的矛盾日益突出。20 世纪 80 年代初,为打破长期高度集中的旧财政体制,中国的财政体制进行了重大的改革,通过实行“分级包干制”来改变国民收入的分配格局。

继 1984 年做出关于经济体制改革的决定后,中共中央于 1985 年出台了《中共中央关于教育体制改革的决定》(以下简称《决定》),文件中提出,“教育必须为社会主义服务,社会主义建设必须依靠教育”,教育的战略地位达到了中华人民共和国成立后前所未有的高度。《决定》还首次规定了“两个增长”,即中央和地方政府教育拨款的增长要高于财政经常性收入的增长,并使按在校学生人数平均的教育费用逐步增长。教育的地位、政府对教育的承诺开始以行政命令的形式确定下来。针对过去政府教育财政投入的随意性以及教育经费的不稳定,政府对教育财政投入开始逐步实现制度化。尤其在中等职业教育方面,强调“调整中等教育结构,大力发展职业技术教育”,指出“发展职业教育要以中等职业技术教育为重点,发挥中等专业学校的骨干作用”,“要充分调动企事业单位和业务部门的积极性,并且鼓励激励个人和其他社会力量办学。”新体制的实行,扩大了地方办学的自主权,调动了地方办学的积极性。从 1986—1990 年,中等职业学校数量、在校生人数、毕业生人数都是在质量和数量中稳步增长发展的。到 1991 年我国中等专业学校突破 3000 所,达到近 4000 所,这是我国中等职业学校发展的巅峰。

1991 年,国务院《关于大力发展职业教育的决定》提出,“各级政府及中央有关部门要对职业技术教育分工负责”,宏观管理由国家教委负责,并明确指出:“发展职业技术教育主要责任在地方,关键在市、县。”这一决定实质上已经确立了市地政府在职业教育管理体系中的重心地位,提出了在中央统一方针政策指导下建立市地统筹的职业教育管理体制的大体框架,并对市地统筹的内容范围、上级各有关部门与市地统筹的关系作了原则性的规定。这一时期,中等职业学校实行分级管理,地方为主的管理体制,教育经费形成了省、市、县、乡多种渠道筹措的格局。基于我国当时的国情,为进一步拓宽经费来源,又在新的体制中引入了一种新的筹措机制,1986 年正式把这种筹措机制称为多渠道的筹措教育经费模式。在资金来源渠道多元化的同时,办学的所有制结构有了根本性突破。此外,为优化教育资源的配置,中职教育初步形成了政府、行业、企业和其他社会力量共同举办职业教育的良好局面。在资源的使用方式上,正由单纯的计划调节走向计划与市场两种手段的有机结合。这时期,虽然国家提出了多渠道办学,但是政府还是主要的投资主体。

1996 年,《中华人民共和国职业教育法》规定:国家建立资金为主,辅以筹集教育资金的各种来源的制度,逐步加大对教育的投入,为了确保稳定的资金来源为国家开办学校。一些公立学校实行"民办公助""公办民助"等形式。中等专业学校和技工学校也开始筹措学费,全国的中等职业学校实行学生缴费上学,大多数毕业生自主择业的制度。1998 年,我国中等职业学校数量和学生人数创历史新高,中等职业学校达到 4000 所以上,学校数量是中等专业学校开始大力发展初期即 1977 年的近 3.2 倍。

三 增长发展时期(1999 年至今)

从 1999—2002 年职业教育招生人数出现了下降,专业学校进入了新世纪第一个发展困境,这一时期国家加大了对职业学校调整改革的力度。2002 年,全国人民代表大会通过了《民办教育促进法》,这一法案吸引了大批职业教育的私人资本投资,规范民办教育的发展。同时,伴随着新的职业教育投资体制的基本确立,国家开始逐步建立相应的财政转移支付制度和教育资助制度,形成了以财政投入为主,以专门用于教育的税、费、产、社、基为辅的教育投资新体制。

随着国家经济迅速发展,出现了技工荒,2002 年,我国的职业学校又有了新的转机,中国开始实施中等职业教育资助学生的政策,国家每年安排 200 亿的财政援助,公共财政引导年轻人报考中等职业学校。从 2009 年起国家对中等职业学校中农村家庭经济困难学生和涉农专业学生实行免学费政策。2009 年,在校生达到 1688.2 万人,这是近几年来一届招生人数最多的,2013 年,我国的中等职业学校在校生人数降低到 1536.4 万人,增长幅度比较缓慢。尽管一系列文件和政策的出台极大地促进了中等专业学校的发展,但是完善职业学校的管理,吸引更多的生源是职业学校未来发展的重要方向。中等职业学校需要像普通高等学校对学生的就业等职业生涯规划做好引导这样的工作,这不仅可以实现学生的自我价值,而且也会给学校带来活力,促进中等职业教育的发展。2004—2013 年职业学校不断面临并校、撤校的重大考验,全国职业学校没有增加,反而有所下降,中等职业学校学校数量也一直呈现下降趋势。

进入 21 世纪后,我国加大了对职业教育的投入,积极推行创建特色的职业教育,职业学校的办学条件明显改善。但是随着高等教育开始扩招,普通高中得到快速发展,而中等职业教育与普通高中处于升学的同一阶段,因此,从 1999—2002 年中等职业教育招生人数出现了下降趋势,中等专业学校遇到了第一个发展困境。这一时期国家加大了对中等职业学校调整改革的力度,但是中等职业学校在 2004—2013 年期间一直呈现下降趋势。

第三节　河南省职业教育经费投入政策变革历程

一 中华人民共和国成立初期至 1978 年间

中华人民共和国成立初期到 1978 年间,我国确立了计划经济体制,相应建立起了"统收统支、三级管理”的财政预算管理体制。高度集中的计划经济体制也造就了独特的中等职业教育经费投资体制,其特征为:投资办学主体单一,决策高度集中,由国家指令调节资源配置,实行条块分割,多头管理的投资体制。因此,全国各省市职业教育的一切开支也都由国家审核,再进行拨款。三级管理指中央、省(自治区、直辖市)、县三级分级管理。职业教育经费体制形成了以国家拨款为主,多级管理的投资体制。1952 年 8 月,中央人民政府教育部发布《中等技术学校暂行实施办法》中提到:部门预算开支中要根据中等技术学校发展进行预算,私人办学的技术学校办学成绩优良但是经费投入较少的各级政府应适当地给予经费补助,技工学校的经费由劳动部门的教育事业费拨款。因此,在这个时期,中职学校的基建费由国家基建投资来解决。政府是唯一的投资办学主体,其资金使用方式也是按照指令计划指标进行层层审批。受国家经济体制和政策环境影响,这一时期河南省职业教育的经费来源主要由国家财政统一拨付。

二 改革开放以来

改革开放以来,国家高度重视职业教育,先后召开多次全国性的职业教育工作会议,河南省的职业教育事业得到了长足发展。自 1978 年以来,职业教育先后经历了“恢复起步”“结构调整”“规模发展”“调整适应”“内涵发展”等五个不同的发展时期。在大力发展中等职业技术的基础上,河南省的职业教育出现蓬勃发展的良好局面。截至 2015 年初,河南省共有高职高专院校 77 所,在校生校均规模 7120 人。中等职业学校 875 所,招生 47.89 万人,在校生 131.48 万人。在河南省职业教育的快速发展中,科学合理的经费保障起到了关键的促进作用。

1978 年,党的十一届三中全会确立了经济建设的中心地位,引发了社会对人才的大量渴求。当时生产第一线的操作型应用人才尤为缺乏,促使“十年动乱”中遭受严重破坏的中等职业教育得以恢复。全国五届人大二次会议首次提出:要有计划地多举办各种门类的中等职业教育,这是社会主义建设多方面的迫切需要,同时有利于解决大量中学毕业生的就业问题。1979—1992 年期间,我国经济体制处于重要的转型时期。河南省职业教育经费的投入体制机制也随着国家经济制度的发展发生着深刻地变化。

1980 年,在《国务院批转教育部、国家劳动总局关于中等教育结构改革的报告》中指出:职业技术教育应有专项经费开支。中等专业学校、技工学校经费开支渠道,仍按现行规定不变。国家鼓励各类职业(技术)学校、职业中学、农业中学办学,提倡半工半读、半农半读,坚持勤俭办学、勤工俭学。这方面的收入,应主要用于解决学校经费开支和办学条件,抽出一部分用于解决师生的集体福利和学生的学习费用。学校要逐步做到部分自给。因此,改革开放初的几年,和国内其他职业院校一样,河南省职业院校办学经费的主要来源仍是政府拨款。

1985 年,随着我国经济体制改革,政企分开,许多业务部门和所属企业的经济关系发生了变化,给中等职业学校经费带来了一定影响。中共中央作出《关于教育体制改革的决定》,这一决定促进了职业教育投资体制的改革。提升中等职业教育在中学教育阶段的教育地位;促进社会发展,职业教育发展越来越重要;在中等职业教育经费投入中,政府鼓励社会各方面力量加入到中等职业教育经费投入当中来。1991 年,国务院作出《关于大力发展职业教育的决定》,指出中等职业教育发展的主要责任和管理方是地方政府,其中市级和县级政府责任最为重要;提升职业教育在行业和企业的关注度,鼓励各行各业和有关部门对职业教育进行投资。由此,我国职业教育的投资体制开始向着政府补助,地方主管,社会企业投资的大方向发展。河南省职业教育的投资体制也是朝着同样的投资方向发展。

1993 年以后,我国社会主义市场经济体制进一步确立,随着职业教育投资体制不断发生变化,学生的学杂费成为教育经费来源的主要构成部分之一,越来越多的投资渠道加快了河南省中等职业教育的发展。1996 年颁布的《职业教育法》中指出,各级人民政府教育财政拨款的增长应当高于财政经常性收入的增长,并使按在校学生人数平均的教育费用逐步增长,保证教师工资和学生人均公用经费逐步增长,逐步完善职业教育教育多渠道经费筹集的投资体制。这一时期,以地方财政支持的职业教育教育经费投入体制对于推动河南省政府加大教育投入,推动职业教育发展,起到了积极作用。2002 年,九届全国人大通过《民办教育促进法》,规范并促进了民办教育的发展,这一法案将大量的民间资金吸引到职业教育发展中。河南省基本确定了以财政拨款为主,以税、费、产、社、基、科、贷为辅的教育投资新体制。

2005 年,国务院《关于大力发展职业教育的决定》指出,要推动公办职业学校办学体制改革与创新,公办职业学校要积极吸纳民间资本和境外资金,探索以公有制为主导、产权明晰、多种所有制并存的办学体制。文件强调,各级人民政府要加大对职业教育的支持力度,逐步增加公共财政对职业教育的投入。省级政府应当制订本地区职业院校学生人数平均经费标准。文件还要求,要逐步建立职业教育贫困家庭学生助学制度。中央和地方财政要安排经费,资助接受中等职业教育的农村贫困家庭和城镇低收入家庭子女。从 2006 年起,河南省逐年加大对职业院校学生的资助力度,2009 年,河南省实行县城以下中职学校和城市涉农专业学生免学费政策,共投入 20 多亿元,惠及 280 多万人次,覆盖了 90% 的学生。从 2015 年秋季学期起,河南省对中职全日制正式学籍在校学生全部免除学费。2008 年,河南省人民政府《关于实施职业教育攻坚计划的决定》指出,要建立职业教育攻坚经费保障机制。要求各地、各有关部门加大资金筹措、投入力度,实行多渠道筹措经费的办法,积极引导行业、企业和民间资金举办职业教育。省、市将加大对经济欠发达地方职业教育的扶持力度。省政府制订职业院校生均公用经费标准,核定职业院校收费标准,并要求学校举办者要按标准予以落实。2012 年,河南省人民政府《关于创新体制机制进一步加快职业教育发展的若干意见》指出,要加大各级财政支持职业教育发展的力度,将职业教育作为新增教育财政支出的重点投入领域。同时要积极改革单一的政府投资模式,进一步健全政府主导、行业指导、企业和社会参与的多元办学机制。

2014 年,国务院发布《关于加快发展现代职业教育的决定》,指出要不断完善经费投入稳定增长机制。坚持职业教育公益性,坚持政府投入的主渠道作用,逐步提高财政职业教育支出水平,形成科学合理、绩效优化的财政性教育资金分配结构。并要求省级政府要依法制定并逐步提高中等和高等职业院校生均经费标准、财政拨款标准或公用经费标准。同时发挥企业在职业教育办学中的主体作用,引导企业社会加大投入,制定积极政策,通过以奖代补、购买服务、金融支持等多种方式,鼓励行业、企业和社会筹措资金资源参与举办职业教育,开发课程、教材等优质教育资源。2014 年 10 月,财政部、教育部发布《关于建立完善以改革和绩效为导向的生均拨款制度加快发展现代高等职业教育的意见》,指出处理好政府与市场、政府与社会的关系;坚持政府投入的主渠道作用,优化财政支出结构,不断加大财政投入力度,同时,充分发挥市场机制作用,积极引导社会资本投入,进一步完善多渠道筹措高职教育经费的机制,鼓励企业和社会力量采取直接投资或捐赠等形式参与举办职业教育,促进高职教育经费投入稳定增长。

2011 年,河南省财政厅、河南省教育厅、河南省人力资源和社会保障厅印发了《关于省属公办中等职业学校生均经费财政拨款标准意见的通知》明确了河南省中等职业学校生均经费财政拨款平均标准为每个学生每年 1300 元。2014 年 9 月,河南省人民政府《关于加快发展现代职业教育的意见》指出,要积极完善经费稳定投入机制,多渠道筹措资金,逐步提高职业院校生均经费标准,建立与办学规模和培养要求相适应的经费投入制度。同时,鼓励社会力量捐资、出资兴办职业教育,拓宽办学筹资渠道,积极探索利用国外、境外资金发展职业教育的途径和机制。

综上所述,中华人民共和国成立以来,河南省职业教育经费投入的体制机制在国家经济体制和政策的影响下,进行了不断创新,职业教育经费投入数量和方式发生了巨大的变化。截至目前,河南省职业教育的投入方式,已经从完全依靠政府拨款转变为以政府财政拨款和宏观调控为主,政府、企业、社会等多渠道投入的新体制机制。

第三章 职业教育投入体制机制现状分析

"十二五"期间,为落实十八大、三中全会会议精神,加快职业教育现代化发展步伐,构建具有我国特色的职业教育体系,进一步落实贯彻国家中长期教育改革以及人才发展规划纲要,教育部等 6 部委共同组织编写了《现代职业教育体系建设规划纲要(2014—2020 年)》,《纲要》明确指出,落实职业教育财政经费投入,要调整、优化财政经费支出结构,科学规划、按拨款标准落实经费投入等,增加各级财政对职业教育经费投入。各地要依法出台职业院校生均经费(或公用经费)标准。在职业教育经费投入机制体制建设上,出台了职业教育经费投入相关法规和政策,既为我国职业教育快速发展提供了经费支持,也为我国今后建立较为科学的职业教育经费投入机制体制积累了经验。

第一节 职业教育经费投入成效

一 职业教育经费投入机制基本形成

职业教育"在国务院领导下,分级管理、地方为主、政府统筹、社会参与"的管理体制和"政府主导、依靠企业、充分发挥行业作用、社会力量积极参与,公办与民办共同发展"的多元办学格局,明确了中央和各级地方政府在发展职业教育中的重要主体责任,"以政府投入为主、受教育者合理分担、其他多种渠道筹措经费"的职业教育经费投入机制正在形成。近年来,在中央财政的引领下,地方各级财政持续强力投入,促进职业教育培养了大批适应经济社会需要的技术技能人才,为加快发展现代职业教育提供了有力支撑,为经济发展、促进就业和改善民生做出了重要贡献。在职业教育经费筹措机制中,以政府投入为主的职业教育财政投入机制主要反映在以下两个方面。

1. 政府的主渠道作用日趋明显

国家职业教育财政投入持续增加,年均增长 25%,以 2013 年为例,财政性经费占职业教育经费总投入的比例达到 74%,比 2005 年提高 29 个百分点。

2. 国家财政性教育经费中职业教育所占份额逐步增加

2013 年职业教育占国家财政性教育经费的 10.36%,比 2005 年提高 2.11 个百分点。

二　职业教育财政投入总量持续增长

我国职业教育经费投入总量自 2005 年《国务院关于大力发展职业教育的决定》发布以来，呈现出稳步增长的态势。2005—2013 年职业教育经费总量年均增长 18%；2013 年，全国教育经费总投入 30365 亿元，比 2005 年的 8419 亿元增长了 2.61 倍；国家财政性教育经费占国内生产总值比例达到了 4.3%。其中，职业教育经费总投入约为 3450 亿元，比 2005 年的 939 亿元增长了 2.67 倍，年均增长率达 18%；职业教育财政性教育经费年均增长 25%。从投入总量上看，国家财政教育投入职业教育经费持续大幅增长，2005—2013 年，职业教育国家财政性经费累计达 1.23 万亿元。从增长情况上看，职业教育经费增长幅度高于全国财政性教育经费增长，2013 年，全国财政性教育经费为 24488 亿元，比 2005 年的 5161 亿元增加 19327 亿元，增长了 3.75 倍。其中，职业教育财政性教育经费约为 2543 亿元，比 2005 年的 426 亿元增加 2117 亿元，增长了 4.97 倍，年均增长率达 25%。职业教育财政性教育经费投入大幅度增加，有力地支撑职业教育改革发展。

三　职业教育生均公共财政预算经费大幅增长

2013 年，中等职业学校生均公共财政预算经费为 9320 元，比 2005 年的 2410 元增加了 6910 元，增长了近 3 倍；高等职业学校生均公共财政预算经费为 9959 元，比 2005 年的 2959 元增加了 7000 元，增长了 2 倍多。其中，中部和西部地区增长均在 3 倍以上。如，湖南省中等职业学校生均公共财政预算经费在 2005 年仅为 1387 元，2013 年超过 9000 元，增加了 7000 多元；江西省高等职业学校生均公共财政预算经费 2005 年仅为 1200 元左右，2013 年超过了 1 万元。

四　中央财政专项经费投入不断加大

近年来，中央财政在增加财政性教育经费增长的同时，为解决职业教育发展中的一些难题，教育部和财政部等通过实施一系列重大项目，对职业教育发展过程中的关键领域和薄弱环节加大投入，推进职业教育基础能力的提升和职业院校办学条件的改善，提高职业教育吸引力。

2004—2013 年，中央财政投入 1113 亿元，重点支持了 4 大类职业教育重大项目建设：

1. 职业院校基础能力建设项目

该项目主要有四个分项目：一是高等职业教育专业教学资源库建设项目。从 2010—2013 年，中央财政总计投入 2.2 亿元专项资金，建设数控技术、汽车检测与维修等 42 个专业教学资源库。二是高等职业学校提升专业服务产业能力建设项目。2011—2012 年，中央财政总计投入 40 亿元专项资金，重点建设全国 976 所独立设置的公办高等职业学校 1810 个专业，提升高职院校产业服务能力。自 2011 年实施以来，全面提升了高等职业学校专业建设水平、装备条件水准和产业服务能力，整体提高了人才培养质量和办学水平。三是职业院校教师素质提高计划。从 2007—2013 年，中央财政总计投入 21 亿元专项资金，培训各地职业院校优秀骨干教师。2011—2015 年，教育部、财政部实施职业院校教师素质提高计划，计划到 2015 年，组织 45 万名职业院校专业骨干教师参加培训，其中，中央财政重点支持培训 10 万名，省级培训 35 万名，以提高教师的教育教学水平特别是实践教学和课程设计开发能力。2011—2013 年，中央财政已安排 16.6 亿元，推动国家、省级和学校三级教师培训体系的建立。计划实施以来，在教育系统和社会上产生了良好影响。大家普遍认为，这个计划抓住了职业教育发展中最基础、最关键、也是最薄弱的环节，对加强教师队伍建设，提高职业教育办学水平和质量发挥了重要的推动作用。四是职业教育实训基地建设计划。从 2004—2013 年，中央财政总计投入 78 亿的专项资金，重点支持建设了 4556 个职业教育实训基地。中央财政支持的职业教育实训基地建设计划，从 2004 年实施以来，切实改善了职业院校的实训条件，提升了职业院校的基础能力，也带动了地方实训基地建设力度。如，江苏省遴选 5 个省级区域开放共享型实训基地和 55 个省级综合性实训基地，对前者每个投入 1000 万元，后者每个投入 600 万元。

2. 示范骨干学校建设项目

示范骨干学校建设项目主要有两个分项目：一是国家示范性高等职业院校建设计划。从 2006—2013 年的 7 年间，中央财政总计投入 46 亿元专项资金，重点支持建设了 100 所国家示范高等职业院校和 100 所骨干高等职业院校。二是中等职业教育改革发展示范学校建设计划。从 2010—2013 年，中央财政总计投入 100 亿元专项资金，重点支持了 1000 所中等职业学校进行改革创新。示范性学校建设项目引领作用显著。中央财政支持的示范性高等职业院校建设计划，带动地方政府支持省级示范高职院校建设数达 282 所，使国家级和省级示范高职院校建设数达到 482 所。示范性高职院校牵头推进集团化办学，全国已组建约 700 个职业教育集团，覆盖了 90% 的高职院校。各地以国家示范院校为主体，积极推进中高职协调发展，加快现代职业教育体系建设，引领职业教育走特色化、内涵式发展道路。如，山东省 2012 年投入 7.8 亿元支持 13 所高职院校建设技能型特色名校。

3. 职业学校学生资助项目

从 2006—2013 年，中央财政安排 761 亿元职业学校学生资助资金，其中，2006—2013 年，中职学校国家助学金 472 亿元；2009—2013 年，中职学校免学费补助资金 289 亿元。截至目前，约占中职在校生数 91.5% 的所有农村（含县镇）学生、城市涉农专业学生和家庭经济困难学生均免除学费，同时全日制正式学籍一二年级在校涉农专业学生和非涉农专业家庭经济困难学生还可享受国家助学金。此外，高职院校也被纳入到高等教育学生资助体系中，保障了学生就读职业教育的基本条件。

4. 综合奖补项目

为提高各省政府对职业教育经费的统筹能力，提高资金使用效益，2013 年中央财政改变以往项目管理方式，实施“以奖代补”的专项资金安排，下拨资金不确定具体项目，采用因素法分省确定资金额度。各省根据中央下达的预算，结合本地职业教育实际，自主确定支持项目，然后将资金使用管理情况和项目安排建设情况报两部备案。2013 年中央安排 64 亿元职业教育“以奖代补”专项资金。“以奖代补”的措施旨在通过中央专项资金带动地方政府对职业教育的投入，推动地方政府建立和完善以改革和绩效为导向的职业教育生均拨款制度。

第二节 河南省发展职业教育的成效

一 出台多项制度措施保障了高职教育的发展

为加快发展现代职业教育，建设现代职业教育体系，贯彻落实《国家中长期教育改革和发展规划纲要(2010—2020年)》《国家中长期人才发展规划纲要(2010—2020年)》，教育部等6部门共同组织编写了《现代职业教育体系建设规划纲要(2014—2020年)》，指出："落实财政性职业教育经费投入，通过调整优化财政支出结构、加强规划、制定标准等措施，加大各级政府对职业教育的投入，各地依法出台职业院校生均经费标准或公用经费标准。"国务院出台了《关于大力推进职业教育改革与发展的决定》《关于加快发展现代职业教育的决定》《关于进一步加强职业教育工作的若干意见》等30余部文件，明确了职业院校办学经费的保障途径。《关于加快发展现代职业教育的决定》提出，各级政府应建立和办学规模及培养要求相适应的公共财政投入体制，地方政府也要依法出台和职业院校办学规模及培养目标相适应的办学经费投入制度；还要制定、落实好职业院校生均和公用经费标准，提升职业院校办学基本条件；各地的教育附加费用于职业教育比例应高于30%，加大地方财政经费统筹力度，建立健全社会多元经费投入的激励机制。行业企业要依法承担员工教育培训并按规定足额提取员工培训经费。一般效益企业可按照员工工资总额1.5%来提取专业教育经费，效益较好的按2.5%提取，用于一线员工培训教育的比例应高于60%。

《河南省中长期教育改革和发展规划纲要(2010—2020年)》中指出，职业教育快速发展，职教攻坚成效显著，职业教育在校生和招生规模居全国第一。

自十八大以来，河南省在率先颁布了《河南省职业教育校企合作促进办法》后又相继发布了《关于创新体制机制进一步加快职业教育发展的若干意见》《关于加快推进职业教育攻坚工作的若干意见》《关于实施职业教育攻坚计划的决定》《关于加快发展现代职业教育的意见》等5个文件。相关部门也相继出台了与省政府文件配套的现代职业教育体系建设规划、职业院校编制、生均经费标准等十余个文件，初步形成了独具特色的河南职业教育法规政策体系，为河南省实施依法治教、依法行政奠定了法律基础。

河南省政府立足实际，强化顶层设计，以大力发展现代职业教育为主线，不断总结工作成效，调整发展思路，重点实施了以职教攻坚计划为代表的发展战略。省政府于2008—2012年实施了职教攻坚一期工程，完成了铺摊子、打基础的职教攻坚任务。十八大以来，面对新任务、新形势、新机遇，河南省在广泛调研和深入总结一期攻坚工作经验的基础上，明确了六路并进、三改一抓一构建的职业教育发展思路。改变职业院校封闭的办学模式，促进校企深入合作；改变政府单一投资主体地位，构建多元职业教育办学投入机制；鼓励职业院校构建现代化管理机制体制，增强职业学校办学活力；以职业教育示范校与特色校建设为抓手，提高职业教育办学质量;构建具有河南特色的融通开放的职业教育体系,提升服务社会经济发展的能力。有效整合教育部门与民政、人力资源社会保障、农业、扶贫、残联五部门的办学资源,形成合力,共同培养经济社会发展急需的技术技能人才。2014 年,河南省政府又实施了职教攻坚二期工程,为现代职业教育发展助力,旨在进行内涵建设,构建现代职教体系,加快现代职业教育发展步伐,促进职业教育上水平、上台阶。

《河南省中长期教育改革和发展规划纲要(2010—2020 年)》明确提出,要依法不断增加政府财政对职业教育的投入,强化各级政府在职业教育办学中相应的责任,使公共财政教育经费增长不低于经常性财政收入增长,确保职业教育公共财政拨款达到规定要求,保证按职业院校生均教育经费明显增长,使教师收入水平和生均财政公用经费标准不断提高。各级地方政府应优化公共财政支出比例,将职业教育列为公共财政经费优先保障范围,逐步提高职业教育经费投入财政总支出占比;足额(增值税、消费税的 3%)征收教育费附加,按规定开征地方教育费附加,专款专用;提高公共财政职业教育经费投入国民生产总值(GDP)占比,切实落实国家 4% 目标教育经费的投入目标。

河南省高等职业教育的持续发展,离不开省政府的引导和大力支持。为此,研究政府财政性教育经费的投入在职业教育中的地位,尤为关键。因为政府的财政投入保障了职业教育的平衡增长与快速发展。增强教育保障能力,一是通过进一步加大财政性教育经费投入,提高预算内基建投资用于教育的比重,拓展社会投资渠道、多方筹集教育经费等措施全面落实教育投入政策。二是完善教育投入保障机制。三是加强教育基础设施建设。四是提高教育运行能力和保障水平。河南省不断完善地方性教育法规体系、全面推进依法行政、坚持依法治校、健全教育督导制度。

河南省深化教育经费核拨机制改革,省属本科高校和职业院校财政经费核拨实行办学质量与预算拨款全面挂钩。河南省根据在校生规模和毕业生质量核定人员经费,解决高校教师编制与基本办学条件要求相脱节问题;注重引入第三方机构评价,在资金分配上增加毕业生就业竞争力指数、综合实力提升指数、毕业生工作与专业相关度指数等社会和市场对高校办学质量的评价结果,提高财政资金分配透明度;强化项目专项经费的引领导向作用,加大教育教学质量、科研转化能力、经济社会服务能力等绩效考评薄弱环节的指标权重,引导学校主动结合经济社会发展需要调整专业设置和办学模式,提高学生培养质量和管理绩效。

二 建立多元经费筹措机制,加大河南省职业教育经费投入力度

十八大以来,河南各地采取财政投入倾斜一些、项目申报争取一些、外部招商引一些、银行贷款借一些、置换土地筹一些等方法,从多渠道入手共同筹措职业教育经费 440 余亿元,公共财政经费投入总计 388.7 亿元,为职教攻坚工程提供了较大的财政经费支持。围绕产业聚集区和产业园区建设,18 个省辖市规划、建设了 17 个集教育、科研、实训、生产为一体的职教园区,投入资金 50 多亿元,已入驻学校 80 多所、入驻学生 30 余万人。共建设国家职业教育示范校 69 个、建设省级品牌示范与特色校 299 个,总投资超过 32 亿元,其中争取中央资金近 17 亿元,初步建成了一批能够发挥引领、示范作用的骨干职业院校。

2015 年,河南省专科高职院校的总收入为 788927.38 万元,其中学费收入为 245129.68 万

元、财政经常补助收入293921.05万元、中央与地方财政专项收入208888.43万元、社会捐赠收入1032.09万元、其他收入39955.9万元。各项所占比例如图3-1所示。

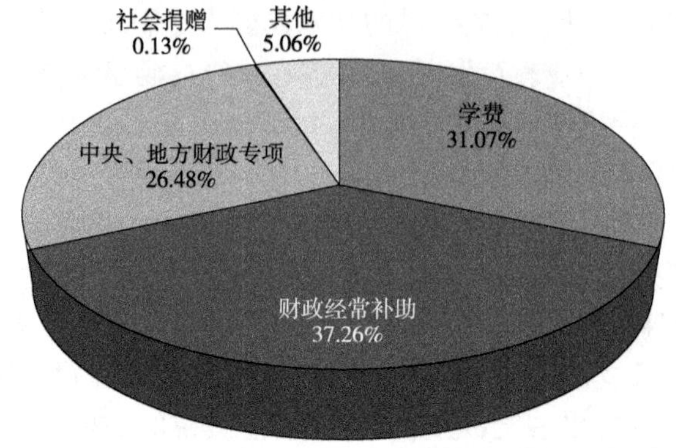

图3-1　河南省专科高职院校2015年各项经费投入比例

要筹措好教育经费，在加大财政经费投入力度的同时，河南省积极鼓励各种社会力量投资职业教育。经费使用过程中，不仅要坚持正确的投入方向，还要不断优化完善财政经费的投入结构，促使其效益最大化。经费管理过程中，要创新职业教育经费管理体制机制，确保职业教育财政经费的使用、分配及评价公开化，切实提高财政经费效益最大。结合省委对"文明河南"建设的要求，在全省广泛开展"争创文明班级、学校，争做文明学生、教师"活动，逐步建立与完善高校教师师德建设机制，引导全省教师提升职业修养，潜心立德树人。实施各级教师培训培养工程，充分发挥高校创新人才资助计划、青年骨干教师资助计划、创新团队资助计划项目的作用。增强高水平高校教师教学团队建设与学术带头人以及高校青年骨干教师培养水平。深化河南省高校教师人事制度改革，增大高校职称评审自主权，实施高校教师人事聘任制度改革。提高河南省教育信息化水平，实现教育公平，大力促进信息技术与教育教学的深度融合，建立高校信息化教学网络平台，充分利用现代化信息技术加强教学质量监控，建设省级专业资源库，立项建设精品资源共享课与在线开放课程，促进全省优质资源共享。不断跟踪、关注与使用MOOC等网络教育资源，善于学习和利用新的知识传播模式和学习方式。表3-1为我国职业教育经费相关落实政策表，表3-2为2010—2015年河南财政预算事业经费投入情况。

职业教育经费相关政策落实情况表　　表3-1

政策文本	总体要求	各级人民政府
《职业教育法》第二十七条第1款(1996年)	国务院教育部门与财政部门共同制定生均职业教育经费标准	应当制定学生人数平均经费标准 职业学校举办者按照学生人数平均经费标准足额拨付
国务院关于大力推进职业教育改革与发展的决定(2002年)	多渠道增加投入	加大财政投入，依法制定生均教育经费标准，督促职业院校举办者足额投入经费
教育部2003—2007教育振兴行动计划	改革和完善教育投入体制/保证经费持续稳定增长	教育拨款财政增长水平应不低于财政经常性收入增长水平，按在校生人数使教育经费不断增长
教育部七部委关于进一步加强职业教育工作的若干意见		省政府出台职业院校生均财政经费标准，职业院校举办者按标准足额投入办学经费

续上表

政策文本	总体要求	各级人民政府
国务院关于大力发展职业教育的决定(2005年)	多渠道增加经费投入	加大职业教育支持力度,不断提高公共财政经费投入
财政部、教育部关于完善中等职业教育贫困家庭学生资助体系的若干意见		各级政府是职业院校办学经费主渠道
国家教育事业十一五发展规划纲要	要依法落实教育经费的“三个增长”	逐步增加政府对职业教育的投入力度
2010—2020国家中长期教育改革和发展规划纲要	健全政府投入主渠道教育经费筹集体制,提高财政教育经费支出占比,2012年占比4%	建立健全职业院校家庭经济困难学生资助政策体系
国务院关于进一步加大财政教育投入的意见		要按照教育法、职业教育法等法律法规的规定,按照教育经费法定增长要求严格落实经费投入
教育部关于印发《中等职业教育督导评估办法》的通知(2011年)		制定中职学校生均公用经费标准,各省出台中职生均经费标准文件
国家教育事业十二五发展规划(2012年)	全面落实教育投入政策	制定落实各类学校生均经费基本标准
教育部、财政部、发改委、人社部关于扩大中职教育免学费政策进一步完善国家助学金制度的意见		
2014—2020现代职业教育体系建设规划		2015年底前,各省依法出台职业教育生均经费标准
财政部、教育部关于建立完善以改革和绩效为导向的生均拨款制度加快发展现代高等职业教育的意见		各省级政府要统筹实施公办高职院校生均拨款制度
国务院关于加快发展现代职业教育的决定(2014年)	分类制定中职学校、高职院校办学标准,规范高效的职业教育国家资助政策	各级政府建立职业院校办学财政投入制度,地方政府依法制定落实职业院校生均经费标准(或公用经费标准),不断改善职业院校办学基本条件,用于职业教育的地方教育附加高于30%

2010—2015 年河南财政预算事业经费投入情况 表 3-2

年份	公共财政预算教育事业经费(万元)	增长速度(%)	基建支出(万元)	增长速度(%)	高职事业经费(万元)	增长速度(%)	高职生均事业经费(元)	增长速度(%)
2010	171188.0	—	3314.6	—	197897	—	3188.88	—
2011	312695.1	82.66	12683.4	282.6	314145.6	58.74	5946.99	86.49
2012	341668.1	9.26	11248.6	88.69	334221.2	6.39	6202.28	42.93
2013	377597.3	10.50	20577.9	82.94	368700.3	10.32	6429.8	3.67
2014	435053.5	15.22	21706.7	5.49	337544.3	-8.45	6622.12	2.99
2015	4285980	-1	43296.8	99.46	428598.0	26.98	8909	34.53

注:资料来源——中华人民共和国国家统计局,中国教育经费统计年鉴(2011—2016)。

职业教育经费投入又称职业教育投资,指政府、社会、企业以及个人投入到各级职业院校办学的货币表现。职业教育经费投入是职业教育健康发展与提高的物质支撑,是提高职业教育办学质量、促进区域经济发展的基本保证。如表 3-2 所示,河南省财政预算教育经费在 2010 年经费投入 171188 万元,基本建设支出 3314.6 万元;2015 年 与 2010 年相比较,高等职业教育事业费支出由 197897 万元提高到 428590 万元,年均增长 16.72%;生均预算内事业费支出由 2010 年的 3188.88 元提高到 8909 元,年均增幅 22.8%。河南省财政经费投入的增长为职业教育快速内涵发展提供了动力,经费保障水平正在逐年提高。职业教育经费投入体制创新旨在解决职业教育办学经费投入主体、筹措、配置以及使用、管理的规范制度,是职业教育和财政体制的重要组成部分。

为便于分析,在具体分析之前,我们将职业院校进行归类。从投资主体的角度,可以将现有的职业教育分为三类,为便于分析,本书内容仅以高职为例进行分析。目前来看,高职院校主要分为三类:

第一类是公办高职院校,该类高职院校的办学经费投入来源主要为财政拨款和学生学费。主要是各级政府与行业部门举办的高职院校,多数由原中专学校、职业大学改制(升格)而成,部分普通高校也设置了二级独立高职学院,即国有民办高校,这些学校按民营机制运作,办学经费来源主要还是政府财政拨款,也属于公办高职院校范畴。1998 年,教育部将高职院校审批设置、专业设置以及招生计划审批权均下放到省级人民政府,充分调动了各级地方政府举办高职院校的积极性。部分普通本科院校与民办高校也举办了高职高专教育。

第二类为民办高职院校,此类高职院校多由社会各类企事业单位、社会团体或者社会组织及个人利用社会资本,面向区域经济发展举办。民办高职院校来源复杂,既有从公办职业教育机构改制而成,也有社会自筹经费创办,还有民营企业举办或者是收购社会教育资源组建而成的。民办高职院校办学经费主要由创办者投入,学费收入是其重要的办学经费来源。

第三类是混合所有制高职院校，此类高职院校具有投入主体多元化特征，常常实行社会办学、多元投入、市场化运作模式。混合所有制高职院校通过产业化运作，办学经费充盈，办学经费由各参股方共同投入，重大办学事项由董事会研究决定，也可委托董事会任命的法人代表负责。目前，混合所有制已经被越来越多的职业院校采用，其股份构成十分复杂，既有政府、企事业单位参股，也有社会组织、行业企业投资，还有社会自然人或境外投资者入股。

这三类高职院校中，第一类学校就是我们通常所说的“公办”，其办学经费相对充足，承担的社会责任相应较大，所受的政策限制也比较多。第二类院校是真正意义上的民办院校，因为产权明晰，具有发展壮大的内在动力，所以其培养的人才更加贴近社会。第三类高职院校为股份制形式，他们按照现代企业制度进行经营，有可能找到资本升值和职业教育产品开发间的平衡，只要不存在重大错误决策，学院的持续发展比较有保证。随着我国《民办教育促进法》《社会力量办学条例》等法律法规的颁布实施，后两类高职院校的数量都有比较明显的增长。

目前，河南省独立设置的高等职业教育专科学校共有 77 所，其中近年新增的院校有 10 所。2013 年新增 8 所院校，7 所为公办学校，分别是河南工业和信息化职业学院、河南信息统计职业学院、南阳农业职业学院、河南林业职业学院、郑州财税金融职业学院、河南医学高等专科学校；民办院校为洛阳科技职业学院。2014 年新增 2 所院校，均为民办学校，分别是：平顶山文化艺术职业学院和鹤壁能源化工职业学院。如图 3-2 所示，专科高职院校分布最多的地市是省会城市郑州，共 33 所，占 43%。

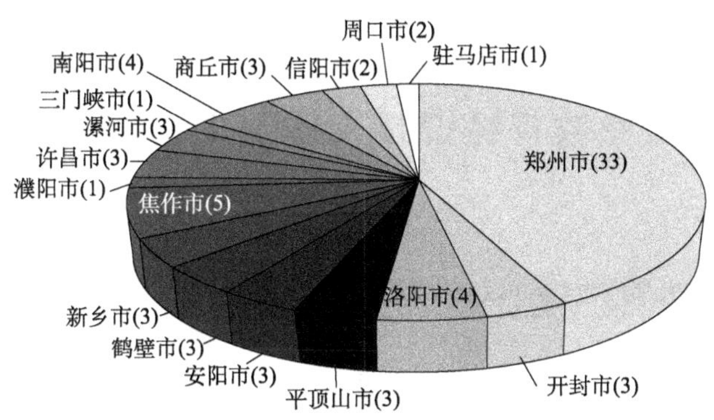

图 3-2 河南省高职院校地市分布图(单位:所)

全省高职院校中包含理工、综合、医药、农业、林业、师范、财经、政法、体育、艺术等 10 种类型，其中理工院校 44 所，占 57%；其次是医药院校和综合院校均为 8 所，各占 10%。具体院校类型分布如图 3-3 所示。如图 3-3 所示，河南省共有国家示范(骨干)高职院校 7 所，占 9%；省级示范(职业教育品牌示范)院校 21 所，占 27%；省级职业教育特色院校 31 所，占 40%；其他 18 所为一般院校，占 24%。具体院校类型分布，如图 3-3 所示。

高职院校人才培养数据采集和管理平台数据统计结果显示：2015 年河南省高职院校全日制在校生 77.14 万人，校均规模近 7120 人。

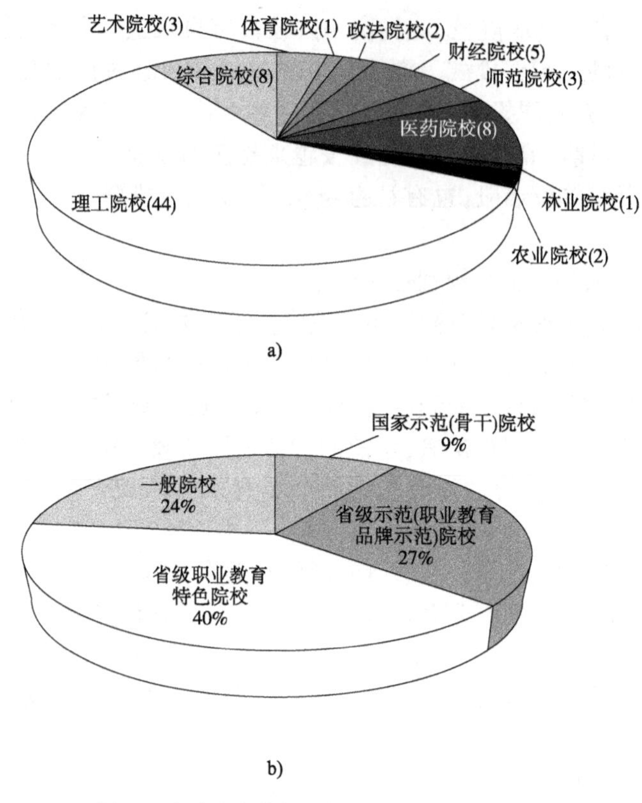

图 3-3 河南省专科高职院校类型分布图(单位:所)

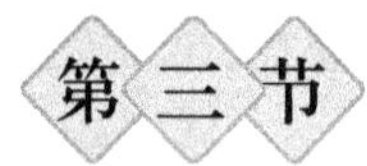

职业教育经费投入体制机制存在主要问题分析

一 职业教育支持结构不尽合理

财政支持职业教育还存在支持方式过于单一,支持结构不尽合理的问题,在现阶段财政收入增速放缓的情况下,加大了财政支出压力。2000 年后政府对职业教育的重视程度不断提升,财政支持职业教育力度不断扩大,投资内容不断丰富,诸如,2005 年中央财政投入财政资金 100 亿,重点用于支持职业教育实训基地建设,充实教学设备,资助贫困家庭学生等;“职业院校教师素质提高”专项计划实施;各省级地方政府建立职业教育质量提升计划专项资金,计划争取于 2017 年实现公办高等职业院校生均拨款 12000 元。这一系列职业教育支持政策均采用的财政支出工具,且几乎大部分支持政策都是财政全款予以支持。2008 年爆发全球经济危机,全国及多数地方政府均面临财政收入增速放缓的趋势,这种过于单一的职业教育财政支持方式会给政府财政带来巨大的支出压力。相比财政支出工具,职业教育税收支持政策则显得较为单薄,税收政策鼓励、调节作用不足;在相关体制机制尚不完善的情况下,较低的社会资本参与也难以形成职业教育市场支持为量,最终形成了财政过多的支出责任与压力;政府购买、发展引导基金、政府和社会资金合作(PPP)投融资模式等财税政策工具在职业教育支持领域的应用也相对较少。

二　地方财政职业教育支持力度不足

进入21世纪,我国职业教育质量提升主要依靠中央财政专项经费支持,地方财政尚未形成系统的职业教育支持政策体系,地方财政经费支持力度不足。自2004年开始,中央财政累计投资1100多亿元专项资金,成为提升职业教育办学质量的经费支持主体。而中央财政的专项计划主要发挥示范职能,专项计划实施范围无法覆盖全国所有职业院校,需要依靠地方财政力量全面提升职业教育整体办学质量和教学水平。《国务院关于加快发展现代职业教育的决定》提出,各级人民政府要建立与办学规模和培养要求相适应的财政投入制度,完善“分级管理、地方为主、政府统筹、社会参与”的职业教育管理体制。但截至目前,地方政府职业教育经费支持相关体制机制尚在搭建,现代职业教育质量提升计划专项资金直接下拨各职业院校,专项资金统筹规划能力不强,地方财政支持职业教育的主体职能作用有待加强。2013年中央财政安排“以奖代补”专项资金64亿元,仅仅带动地方财政投入18亿元,职业教育地方财政投入严重不足。

三　农村职业教育支持力度有待加强

加强农村职业教育支持建设,是一个我国特有的且长期难以得到有效解决的问题。我国是拥有人口基数近14亿的人口大国,其中农村人口达6亿元左右,占到人口总数的近一半,6亿农村人口中每年又有近3亿农民进入城镇务工,解决广大农村人口教育培训问题,无疑是一大困难和挑战。2014年《国务院关于加快发展现代职业教育的决定》文件提出,积极发展现代农业职业教育,建立公益性农民培养培训制度,大力培养新型职业农民。加强财政支持农村职业教育建设发展,是我国面临的长期而又艰巨的工作任务。财政支持农村职业教育建设发展所面临的最严重问题就是经费保障不足,这一问题限制了农村职业教育发展。发展农村职业教育公益性质较强,由于农村人口普遍收入水平较低,职业教育产品收益水平较低,因而难以吸引社会资本参与农村职业教育建设。而县级财政支持农村职业教育,又存在财政资金严重不足的问题。在政府间事权与支出责任不相适应的情况下,县级政府承担了过多上级政府事权和支出责任,有限的财力很难满足各方面支出要求,农村职业教育发展由此也受到限制。经常出现县级政府申请农村职业院校建设,上级政府拨付款项并要求县级财政提供配套资金,县级财政由于财力不足而导致校园建设搁置的情况。这些情况严重阻碍农村职业教育发展,也降低了财政资金使用效率。

四　职业教育社会资本准入渠道有待拓宽

增强职业教育市场适应性的另一个重要途径是引入社会资本参与职业教育建设发展。社会资本具有逐利性,更加注重投入所带来的效益,探索委托社会资本管理职业院校相关机制,有利于提高职业教育办学水平和市场适应性。《国务院关于加快发展现代职业教育的决定》提出,“创新民办职业教育办学模式,积极支持各类办学主体通过独资、合资、合作等多种形式举办民办职业教育;探索发展股份制、混合所有制职业院校,允许以资本、知识、技术、管理等要素参与办学并享有相应权利,探索公办和社会力量举办的职业院校相互委托管理和购买服务的机制”。而目前股份制、混合所有制职业院校尚在探索当中,推行股份制、混合所有制职业院校办学既有其优势,同样存在风险。如何实现法人治理,明确国有资产与社会资本之间的职责权力;如何明晰多方产业归属和收益分配,如何明晰成本分担机制;如何建立职业院校管理团队;如何保证学校稳定运行下的退出机制;乃至多元社会资本准入机制、员工持股激励机制等,这一系列问题如不能妥善协调,推行股份制、混合所有制办学将会遇到较大的阻碍。

五 职业教育集团化办学中的政府职能模糊

集团化职业教育模式是我国职业教育组织形式的一大创新,是企业集团化理念在职业教育校企合作中的新的应用,也是进一步扩大我国职业教育改革规模,提升职业教育质量促进职业教育发展的重要途径。2005 年国务院发文《国务院关于大力发展职业教育的决定》明确提出,“推动公办职业学校资源整合和重组,走规模化、集团化连锁化办学的路子”。但在职业教育集团化办学探索中也产生了一系列问题,包括集团结构松散凝聚力不强,龙头学校发挥作用不明显,集团成员缺乏沟通与联系,政府干涉过多等。各地政府牵头建立集团化职业教育,政府职能作用始终不明确,造成大量的“越位”“缺位”现象,各集团成员普遍存在任务压力,而不是多赢的动机建立集团,造成集团化办学质量不高。一方面,集团化职业教育应当以自愿参加为原则,但过去许多教育集团都是由政府牵头撮合,甚至行政命令强行推动的,各集团成员参与多是因为政治任务,而不是市场力量推动,势必造成集团向心力不强,沟通合作水平低。实践中,部分政府直接参与了职业教育集团管理,如代为起草教育集团章程,政府官员兼任理事会负责人或主持召开理事会,甚至干涉学校课程设置等,限制了职业学校等集团成员的自主权。另一方面,政府在职业教育集团中普遍出现调控能力不强,财政支持不足、不到位,影响职业教育集团的生存和发展的情况。促进职业教育集团化办学发展,亟须厘清政府在职业教育集团中的职能和作用。

六 职业教育经费评价与监督机制研究

首先,资金有效管理是确保职业教育经费高效利用的前提。加强职业院校办学经费有效监管,不仅是规范职业院校财务管理的客观需要,也能从根源上防止国有资产损失,切实预防职业院校经济犯罪,更是职业院校健康持续发展的重要保障。一些职业院校对经费监管工作重视程度不足,缺乏健全有效的经费管理机制,现有财务制度也没有得到严格执行,造成职业院校在经费管理方面存在较大隐患与问题,导致招标采购的实训设备和预期目标不匹配,造成资金浪费。

其次,对经费的监管力度明显不足。一些职业院校内部财务控制机制不完善,经费监管乏力，财务审计形式主义严重，缺乏科学有效的经费使用绩效考核，经费监管内控流程规范性、约束性差，造成会计信息一定程度失真，经费管理混乱无序，财务在管理方面存在诸多漏洞和缺陷，滋生诸多不规范现象，造成职业院校经费使用和监管脱节。个别人甚至通过小金库挪用、贪污有效的经费，经济犯罪时有发生，造成有限的办学经费流失。

最后，经费预算不科学，经费管理不规范。虽然高校财务制度把经费预算管理当作学校财务制度改革的核心，但仍然有许多职业院校并未健全学校内部经费预算管理机制。有些职业院校虽有经费预算机制，但其经费预算机制却未被严格执行。有些职业院校办学经费收支管理混乱，经费预算不科学，指标不符合实际，经费使用缺乏评价依据；一些职业院校长期挂账应收款项，物资库存占用资金较多，造成办学经费周转效率低下。

第四节　河南省职业教育投入体制机制缺陷

近年来，河南省职业教育进入快速发展时期，然而职业教育的发展也遇到许多根本上的困难，比如，教育投资经费的不足，导致职业教育的基础能力薄弱、办学条件差，难以满足国家经济发展对技能型人才的需要。因此河南省职业教育投资体制仍存在许多需要解决的问题。

一　支持职业教育的可持续机制体制尚不完善

改革开放 40 年来，河南省财政对职业教育支持方式和经费保障改革不断深化。在财政的大力支持和引导下，职业教育发生了翻天覆地的变化，取得了举世瞩目的成就。然而在财政支持职业教育过程中，许多问题诸如职业教育经费投入不足、引入社会资本困难、职业教育教学质量不达标、校企合作不协调等等，长期以来并未切实得到解决。新形势下，随着转变我国经济发展方式、产业结构优化调整改革不断深入，市场对职业教育人才培养提出了更高的要求，而职业教育规模呈现萎缩趋势，财政如何提振职业教育发展将面临严峻的挑战。财政支持职业教育所存在的诸多问题，归结于职业教育财政支持机制中不可持续的问题突出，财政支持制度体系不完善，缺乏有效的制度供给，致使财政支持职业教育政策实施效应大打折扣，政府宏观调控职能难以实现。财政支持职业教育过程中存在的不可持续问题主要表现在职业教育政策缺乏有效衔接、财政支持体系不够完善、财政支持方式调控能力不强几个方面。

二　职业教育财政支持体系尚不完善

现代职业教育体系的建设发展不仅需要财政经费予以支持，还需要相对完善的体制机制作为保障。改革开放以来，河南省财政支持职业教育的投入内容不断丰富，初步形成了较为完备的经费保障体系，覆盖中、高等各类职业院校，涉及职业院校建设、机构运行、学生补助等多个方面。但还有一些职业教育财政支持机制需要进一步细化，保证政策切实落实到位。

第一，按照《财政部教育部关于建立完善以改革和绩效为导向的生均拨款制度加快发展现代高等职业教育的意见》要求，各省级政府制定高等职业院校生均拨款制度，加强生均拨款和绩效评价管理有机结合。然而，由于不同省份经济社会发展水平不同，高职院校生均经费确定为多少视为合理，并没有形成统一的标准。虽然《意见》中明确经费制定依据因素，并提出争取至2017年各省高职生均经费达到12000元目标，但经费与相关因素间如何折算，是否根据因素变动实时调整等问题，政策实施中并未做出具体实施细则。职业教育经费绩效评价指标的选取和测评，也尚未形成统一的规范标准或指引文件。

第二，《国务院关于加快发展现代职业教育的决定》要求，拓宽办学筹资渠道，引导、创新和支持社会力量兴办职业教育，并提出探索发展股份制、混合所有制职业院校，探索公办和社会力量举办的职业院校相互委托管理和购买服务的机制。在制定探索过程中，必须注意明晰规范相关主体的职能权责、行为规范和利益分配方案，既要保证社会各主体参与积极性，又要防止国有资产流失。

第三，鼓励多元主体组建职业教育集团过程中，政府职能缺乏有效定位，存在许多“越位”“缺位”问题。如若政策制定缺乏相关实施细则或标准规范，那么政策措施将难落到实处，反而增加政策实施过程中的主观随意性，造成政策决策“拍脑袋”决定。

三 缺乏引导和鼓励社会力量兴办职业教育的政策

社会捐赠机制不完善，造成社会各界参与职业教育办学的积极性不高。河南省社会捐赠收入占教育经费总投入的平均比率远远低于全国平均水平。这也表明社会捐赠不能成为职业教育经费来源的主体，同时也表明社会捐赠在我国仍处于初级阶段，法律环境与管理体制等方面存在诸多不足之处。相关法律规定只提到社会捐赠人对教育等非营利事业单位捐赠的具体办法、捐赠和受赠范围、优惠措施和法律责任，偏重对公益性社会团体和非营利性事业单位的捐赠，没有针对职业教育捐赠提出专门的法律条文，也没有明确捐赠者享有的具体优惠政策。在捐赠资金管理方面，社会捐赠所得资金由各政府职能部门共同管理和分配。捐赠经过统一分配拨付到教育部门，教育部门再对捐赠二次分配划拨到各级教育机构，经过逐级分配，最终划拨到职业教育领域的捐赠金额已经不多。教育行政部门在社会捐赠管理上的缺位，意味着教育部门和教育机构失去了获得捐赠的主动权，只能被动等待社会捐赠的分配。社会捐赠的缺失使我国职业教育难以实现多元化的资金渠道。

缺乏对社会力量参与办学积极性的引导。“校企合作、产学结合”的合作模式已存在数十年的时间，积累了相应的经验。但是仍然存在很多的问题，如不健全的保障制度、不完善的管理、落后的运行机制等，导致社会力量参与到高职教育的积极性不高。所以，要改善社会力量参与高职教育的情况，就需要对其加强引导、管理和奖励，增强社会力量参与和监督的力度。如何减少民办法人的投资不足，为保障社会力量兴办职业教育创造良好环境，主要有以下三个措施：首先，相关部门出台立法保障，针对社会力量参与职业教育，应颁布专门的法律法规，对其行为、责任义务进行监督、管理和约束。其次，针对社会力量参与职业教育，教育部成立和设定专门服务管理部门，做到权责明确、分工有据。最后，政府作为主要牵头者，应积极处理、协调学校与企业间的合作，为其提供平台，做好布局，鼓励和引导社会力量参与和监督高职教育的发展。

第四章 河南省职业教育经费投入存在的问题

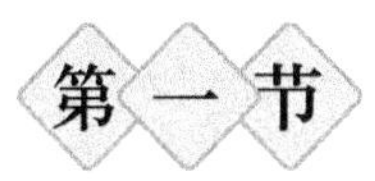

第一节 河南省与全国职业教育经费投入问题比较

一 职业教育投入占GDP比重研究

我国2016年各地公共财政经费(高职)支出占GDP的比重见表4-1。

2016年各地公共财政经费(高职)支出占GDP的比重 表4-1

地　区	公共财政教育经费支出(万元)	2016年GDP(亿元)	经费占GDP比重(%)	备注(名次)
全国	17221499.2	740598.7	0.233	
北京	359876.3	25669.1	0.140	26
天津	337491.9	17885.4	0.189	22
河北	641546.4	32070.5	0.200	20
山西	368488.7	13050.4	0.282	7
内蒙古	478296.6	18128.1	0.264	11
辽宁	444277.5	22246.9	0.200	20
吉林	215295.9	14776.8	0.146	25
黑龙江	338441.3	15386.1	0.220	15
上海	364729.3	28178.7	0.129	27
江苏	1518827.5	77388.3	0.196	21
浙江	990116.5	47251.4	0.210	18
安徽	689277.8	24407.6	0.282	7
福建	444730.4	28810.6	0.154	24
江西	481885	18499	0.260	12
山东	1113405.5	68024.5	0.164	23
河南	840510.6	40471.8	0.208	19
湖北	767922.6	32665.4	0.235	14
湖南	821123.2	31551.4	0.260	12

续上表

地　区	公共财政教育经费支出(万元)	2016 年 GDP(亿元)	经费占 GDP 比重(%)	备注(名次)
广东	1775604.9	80854.9	0.220	16
广西	477075.1	18317.6	0.260	10
海南	193891.7	4053.2	0.478	2
重庆	634733.7	17740.6	0.358	3
四川	801449.4	32934.5	0.243	13
贵州	409408.8	11776.7	0.348	4
云南	318507.9	14788.4	0.215	17
西藏	31942.4	1151.41	0.277	9
陕西	539193.5	19399.6	0.278	8
甘肃	370204.3	7200.37	0.514	1
青海	69352.6	2572.49	0.270	10
宁夏	98473.2	3168.59	0.311	5
新疆	285418.4	9649.7	0.296	6

根据表 4-1 数据可以看出,河南高职公共财政经费支出占 GDP 的比重较低,比重为 0.208%,位列第 19 名,与河南省 GDP 总量位列全国第 5 严重不相称。全国公共财政经费(高职)支出占 GDP 平均比重在 0.23%,说明河南省在提高职业教育公共财政投入水平方面有较大的增长空间。

二　职业教育生均公共经费比较

如表 4-2 所示,2016 年河南省高职生均公共财政预算教育经费支出 10330.74 元,在全国排名第 30 位,仅高于山西省,生均事业费支出 21015.49 元,在全国排名第 29 位,仅高于山东和安徽;生均基本建设支出 221.56 元,在全国排名第 23 位。生均公共财政支出相差较大。2016 年河南省高职教育公共财政预算教育经费总支出 51.7 亿元。2016 年河南省 GDP 总量 40471.79 亿元,公共财政预算高职教育经费支出占 GDP 的比重 0.208%。因此,河南省职业教育生均公共经费低于全国平均水平。

中国 2016 年生均公共财政预算教育经费支出统计(地方普通高职高专)　　表 4-2

地　区	生均公共财政预算教育经费支出(元)	事业费支出(元)	基本建设支出(元)
全国	13269.62	12923.31	346.32
北京	49343.01	48156.99	1186.01
天津	13710.01	13710.22	0
河北	11169.06	11169.06	0
山西	8872.5	8812.34	60.16

续上表

地　区	生均公共财政预算教育经费支出(元)	事业费支出(元)	基本建设支出(元)
内蒙古	19772.01	19624.66	147.35
辽宁	10353.86	10028.24	325.62
吉林	13702.23	13687.16	15.06
黑龙江	11605.3	11596.69	8.61
上海	35996.98	24993.27	11003.70
江苏	16130.75	16130.75	0
浙江	14715.59	14549.83	165.76
安徽	11965.51	10909.71	1055.8
福建	12382.89	12339.83	43.06
江西	11055.92	10952.71	103.22
山东	10493.91	10473.70	20.22
河南	10330.74	10145.58	185.16
湖北	14612.94	14612.94	0
湖南	10661.84	10492.28	169.56
广东	14742.36	14235.22	507.14
广西	11732.28	11650.58	81.7
海南	13771.63	12973.52	798.11
重庆	12732.31	12559.38	172.94
四川	11661.89	11007.71	654.18
贵州	11544.11	11494.62	49.49
云南	13890.74	13326.08	564.66
西藏	30757.94	29917.05	840.89
陕西	12008.63	11132.88	875.75
甘肃	19923.86	19525.04	398.81
青海	25444.07	21750.66	3693.41
宁夏	19921.44	19254.34	667.1
新疆	18962.05	18214.32	747.73

三　职业教育公共经费投入规模增速研究

如表4-3所示，从2016年的职业教育支出的总体规模看，河南省高职教育支出规模较大，这与河南人口众多有关，财政支出的平均增速略低于全国平均水平。从中部六省看，河南高职教育财政事业性投入增速 6.89%，而中部六省的平均增速 8.73%，低于山西(8.26%)、湖北(11.08%)、安徽(10.94%)、湖南(10.15%)三省。河南省职业教育公共经费投入规模增速在中部六省排名靠后。

中部六省职业教育(高职)公共经费投入比较 表 4-3

地　区	2010 年	2016 年	平均增速(%)
山西	228837.7	368488.7	8.26
安徽	369671.8	689277.8	10.94
江西	372003.5	481885	4.4
河南	563479.2	840510.6	6.89
湖北	408692.3	767922.6	11.08
湖南	459501.0	821123.2	10.15
合计	2402185.5	3969207.9	8.73

四 河南公共财政对职业教育的基础投资研究

为探究公共财政对高职教育基础设施的投入，本书采用 2007—2016 年的生均公共财政预算教育经费中基础建设投资作为研究的数据，主要原因在于基础设施的投入是一次性投入，可以使用多年。课题组归纳了每个地区十年的生均公共财政预算教育经费基础建设投资与各省市每年的在校生人数，得出 2007—2016 年中生均年公共财政预算教育经费基础建设投资，通过系统聚类分析，认为各省市基础建设投资分为 5 类：第一类是西藏、陕西，生均年投入分别是 3656.46 元、4082.48 元；第二类是上海、青海、重庆，生均年投入分别是 2373.03 元、1308.08 元、1222.01 元；第三类有 6 个省份，分别是北京、天津、辽宁、吉林、海南、广西，其中，生均年投入最高的省是北京，达到 831.46 元，最低省份是海南，达到 594.66 元；第四类省份有 6 个，分别是湖南、广东、四川、云南、新疆，生均年投入额度在 425.29 ~ 511.18 元；第五类的省份有 12 省份，有山西、内蒙古、河南、湖北、安徽等，生均年投入额度在 238.27 ~ 339.05 元；第六类城市有黑龙江、江苏两个省，生均年公共财政预算教育经费基础设施投入额度分别为 149.13 元、31.63 元。根据教育部对高职高专生均基础设施的投入要求，生均教学行政用房面积 16 平方米；不计土地部分，根据 2007 年来的物价水平测算，生均基础设施在 32000 元左右；《政府会计准则第 3 号——固定资产》应用指南要求国有固定资产折旧年限 50 年计算，年折旧率 2%；生均基础设施折旧在 640 元左右；目前，全国有 22 个省份的生均年公共财政预算教育经费基础建设投资低于折旧的额度，难以保证基础设施的正常使用，见表 4-4。

2007—2016 年地方普通高职高专生均年公共财政预算
教育经费基础建设投资(单位:元) 表 4-4

省　份	生均年基础建设投资	省　份	生均年基础建设投资	省　份	生均年基础建设投资	省　份	生均年基础建设投资
北京	831.46	上海	2373.03	湖北	264.91	云南	484.79
天津	798.85	江苏	31.63	湖南	511.18	西藏	3656.46

续上表

省　份	生均年基础建设投资	省　份	生均年基础建设投资	省　份	生均年基础建设投资	省　份	生均年基础建设投资
河北	254.99	浙江	284.82	广东	535.04	陕西	4082.48
山西	339.05	安徽	322.88	广西	594.66	甘肃	303.04
内蒙古	306.92	福建	275.98	海南	642.99	青海	1308.08
辽宁	784.70	江西	284.12	重庆	1222.01	宁夏	238.27
吉林	672.08	山东	244.88	四川	463.73	新疆	425.29
黑龙江	149.13	河南	264.41	贵州	428.22		

注:资料来源——中国教育财政统计年鉴、中国统计年鉴。

五　高职教育人均学费与其他省份存在差异

为探讨不同地区的收费差异,课题组根据目前各地高职教育学费的收取情况,对2016年各地的学费进行了人均测算(表4-5)并利用SPSS软件进行了系统聚类分析整理,人均学生收费根据额度划分为6类地区。第一类地区:上海、浙江、广东、重庆;第二类地区:江苏、福建;第三类地区:河北、湖北、吉林、广西、内蒙古、四川、陕西、北京、海南、天津、黑龙江、辽宁、湖南,学费的区间在4011.56~4601.18元;第四类地区:安徽、宁夏、山西、甘肃、山东、贵州、云南,生均学费区间在3163.81~3622.96元;第五类地区:江西、青海、新疆、西藏、河南,人均学费区间在2576.41~2743.43元。

高职教育人均学费与其他省份差异(单位:元)　　表4-5

省　份	2016年人均学费	省　份	2016年人均学费	省　份	2016年人均学费	省　份	2016年人均学费
北京	5069.71	上海	7129.04	湖北	4009.42	云南	3622.96
天津	4414.21	江苏	6007.12	湖南	4601.18	西藏	2450.72
河北	4011.56	浙江	7157.77	广东	7232.93	陕西	4207.39
山西	3817.28	安徽	3163.81	广西	4124.91	甘肃	3792.21
内蒙古	4084.34	福建	5774.55	海南	4892.58	青海	2604.20
辽宁	4469.01	江西	2576.41	重庆	7179.97	宁夏	3247.82
吉林	4112.35	山东	3508.85	四川	4252.87	新疆	2540.81
黑龙江	4435.24	河南	2743.43	贵州	3431.52		

注:资料来源——中国教育财政统计年鉴、中国统计年鉴。

从生均学费分类发现,第四、五类地区中多是西部的省份,而山东、安徽、河南这些经济发展较好地区的学费费用不高,小于学生家长正常的支付能力。为解决这些地区高职教育经费不足的问题,应该提高其收费的标准。

河南职业院校的事业收入占教育经费投入的37.43%,而事业收入中92.4%来源于学杂费收入,这说明学校的学费收入在职业院校发展中占有举足轻重的地位。在公办高职理工类学费收费中：北京信息职业技术学院每生6000元/年，陕西能源职业技术学院每生5500元/年，江苏苏州农业职业技术学院每生4140元/年，河北化工医药职业技术学院每生5000元/年，上海电子信息职业技术学院每生7500元/年，河南化工职业学院每生3600元/年。在物价持续上涨，学校的各种教学资源的成本也在不断增长的情况下，学生的培养成本迅速上升，给学校造成了巨大的资金压力。在财政资金投入不足的情况下，仅靠扩大学生规模来提高事业总收入，而生均事业收入基本保持不变使得河南生均经费收入远远低于全国水平。这无疑让培养高质量的高职学生和高职教育的可持续发展成为空谈。

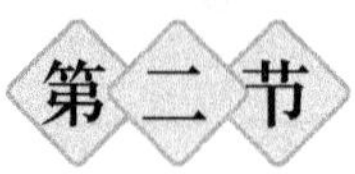

第二节 河南省职业教育生均公共经费投入差异

目前，河南省职业教育隶属不同的行业主管部门，现状是隶属的行业、地区、主管部门不同，领导对职业教育的认识不同，从而造成投入方式不同，投入的重视程度不同。由于某些投入数据收集困难，量化困难，因此，本课题未考虑政府、行业主管部门拨款，地方划拨土地等情况，仅考虑公共财政事业性经费投入。

一 地区的经济差距与投入分析

河南省各地经济发展水平不同，职业教育资金投入所占比重不同，地方对职业教育的重视程度不同，投入必然不同。河南省职业教育经费投入地区差异显著已经是不争的事实，经济发达地区与欠发达地区的投入比重将这一问题反映的尤为明显。如表4-6所示是2015年河南省不同地市生产总值与职业教育经费投入情况。

2015年河南省不同地市经济总量与职业教育公共经费投入情况 表4-6

地 市	生产总值（亿元）	生产总值增速（%）	生产总值位次	高等职业教育公共经费投入（万元）	经费投入比例（%）
河南省	37010.25	8.3		741983	0.2
郑州市	7315.19	10.1	1	151403	0.21
开封市	1604.84	9.4	13	30996	0.19
洛阳市	3508.75	9.2	3	41743	0.12
平顶山市	1705.78	6.7	9	26422	0.15
安阳市	1884.48	7.4	11	37132	0.2
鹤壁市	713.23	8	17	17332	0.24
新乡市	1982.25	6	7	57748	0.29
焦作市	1943.37	8.8	12	23948	0.12
濮阳市	1333.64	9.5	14	46656	0.35
许昌市	2170.6	9	5	47336	0.22

续上表

地　　市	生产总值（亿元）	生产总值增速（%）	生产总值位次	高等职业教育公共经费投入（万元）	经费投入比例（%）
漯河市	992.85	9	16	30581	0.31
三门峡市	1260.55	3.5	15	30876	0.24
南阳市	2875.02	9.1	2	39677	0.14
商丘市	1803.93	8.7	6	32684	0.18
信阳市	1877.75	8.9	10	44644	0.24
周口市	2082.38	9	4	39702	0.19
驻马店市	1807.09	8.9	8	28799	0.16
济源市	494.41	6	18	14304	0.29

根据表4-6数据分析可知，2015年郑州、洛阳、南阳、许昌、新乡等地市财政对职业教育公共经费投入分别为151403万元、41743万元、39677万元、47336万元、57748万元，其中投入比例最大的经济发达地市是濮阳、新乡、济源，分别占国民生产总值的0.35%、0.29%、0.29%。然而洛阳、南阳、平顶山、焦作等地市职业教育的财政性经费投入占比较少，分别为0.12%、0.14%、0.15%、0.12%。其中洛阳、焦作垫底，投入比例最小，占总比例的0.12%。由此可以看出，河南省职业教育经费投入地区差异明显。

二　省属高职院校与地方高职院校职业教育公共经费投入不均衡

按照行政隶属关系角度分析，地方院校的生均拨款较低。2014年，省直高职院校的生均拨款7309元，在全省排名第7位，2015年生均拨款19190元，在全省排名第1位。地方普通高职院校的平均教育事业费拨款远低于省属学校，说明地方财政虽然承担了为数众多的地方高职院校的财政拨款，但在现有的财政分权体制下，地方财力远远不及省级财力雄厚，地方政府承担职业教育支出项目超出了其财政支付能力，难以保障高职院校的办学支出。另外，分级投资的财政体制使省级财政对高等教育资源的整合能力受到削弱，导致省属和地方高职校财政投入经费总量不平衡，地方高职院校与省属高职院高校差距越来越大，高等教育不均衡发展愈演愈烈。

三　地市间职业教育经费分配不均衡

服务区域经济发展是职业院校的重要职能，因而职业院校多由各地市政府和行业主管部门进行管理，所以按地市划分进行研究更具价值。通过研究地市间职业教育经费投入的差异，可以更好判断职业教育经费投入是否均衡。如表4-7所示，2015年河南省高职教育生均教育经费平均为8909元。其中生均经费最高的是省直院校，高达19190元，最低的是焦作、南阳、商丘，为3643元、3585元、3440元，两者相差近5.6倍。河南省省直职业院校生均经费支出排名一直处于遥遥领先地位，而南阳和商丘生均预算教育经费支出的排名靠后。

生均教育经费拨款远远低于同类职业院校水平，这影响着当地职业教育的快速发展，需要各级政府和教育主管部门采取积极有效地措施缩小职业院校生均经费支出在不同地市之间存在的较大差距。

2014、2015 年河南省不同地市职业教育经费支出情况(单位:元) 表 4-7

院　校	2014 年生均公共经费	2015 年生均公共经费	名　次	备　注
河南省	6926	8909		
省直高职院校	7309	19190	1	
郑州市高职院校	7571	7990	10	
开封市高职院校	11710	10319	7	
洛阳市高职院校	3861	7114	13	
平顶山市高职院校	6388	7283	11	
安阳市高职院校	5830	10354	6	
鹤壁市高职院校	5998	7228	12	
新乡市高职院校	4811	6942	14	
焦作市高职院校	3715	3643	18	
濮阳市高职院校	8575	10158	8	
许昌市高职院校	8269	19803	3	
漯河市高职院校	8709	8432	9	
三门峡市高职院校	11758	11971	5	
南阳市高职院校	2424	3585	17	
商丘市高职院校	3749	3440	16	
信阳市高职院校	4887	6472	15	
周口市高职院校	5625	13107	4	
驻马店市高职院校	4274	21360	2	
济源市高职院校	14052	6322	16	

GINI Coefficient(基尼系数)与 Variation Coefficient(变异系数)均可作为评定资源分配是否均衡的指标。基尼系数国际划分标准为：GI＜0.1 表示资源分配均衡；GI ＝0.1～0.2 表示资源分配较为均衡；GI＞0.2 表示资源分配相对理想；GI＞0.3 表示资源配置不均衡；GI＞0.4 则表示资源分配差异过大；GI＞0.5 则表示资源分配悬殊。而河南省教育经费支出的变异系数超过了 0.3，据此可认为河南省教育资源的分配是不平均的。

计算基尼系数可以用收入分组数计算，亦可用分户数进行计算。但必须注意，应对分组数(或分户数)按照从高到低顺序进行排序。采用分组数计算时，应让分组组距相同。一般来说，分组数计算结果明显比采用分户数计算得到的基尼系数低，特别是分组数不多时，差距更明显。当采用分户数计算基尼系数时，若计算指标不同，也将得到不同的基尼系数。通常有两种方法进行计算：按户总收入进行排序，再按户来计算 GI，此时，Y_i 表示每户收入占总收入之比例，W_i 表示调查户数之倒数。第二种方法是按每户家庭人均收入进行排序，W_i 表示每户人口占全部人口之比例，Y_i 表示本户人均收入占人均收入总和之比例。采用不同计算方法得到的基尼系数结果存在较大差异。一般来说，用人均收入计算得到的 GI 大于采用分户收入计算得到的数据。在比较不同地区（时期）收入差距的基尼系数时，要采用统一的计算方法，采用不同计算方法得到的 GI 数据是没有可比性。

基尼系数计算公式是：

$$G = \sum_{i=1}^{n} W_i Y_i + 2\sum_{i=1}^{n-1} W_i (1 - V_i) - 1$$

式中：W_i——按收入分组后各组人数占总人数之比例；

Y_i——按收入分组后各组人口收入占收入总额之比例；

V_i——Y_i 从 1 到 i 之累计数，$V_i = Y_1 + Y_2 + Y_3 + \cdots + Y_i$。

通过数据统计，从表 4-8 中可以看到，2015 年河南省职业院校生均预算内教育经费支出的基尼系数为 0.43；生均预算内教育经费支出的变异系数为 0.548。因此，可以较直观地看出河南省职业教育经费在不同地区之间的分配是非均衡的，并且存在较大差距。

2015 年河南省职业院校生均经费支出差距指标（单位：元）　　表 4-8

类　别	最小值	最大值	平均数	标准差	变异系数	基尼系数
生均预算内教育经费	3440	19190	8909	5331.982	0.548	0.38

“十二五”以来，针对职业教育发展的薄弱环节与关键领域，河南省实施了一系列职业教育质量提升工程，如特色中职院校、优质高职院校建设等，取得了令人瞩目的成就。这些项目的实施，很大程度上提高了地方政府投资举办职业院校的积极性。然而，就高职教育而言，经费投入多用于示范性、品牌高职院校建设，受益的高职院校相对较少。对于普通高职院校与民办高职院校而言，受益极少。这些“扶优保重”的经费投入政策，大大加大了示范职业院校与普通职业院校间的经费差距，在一定程度上破坏了职业院校生态体系。

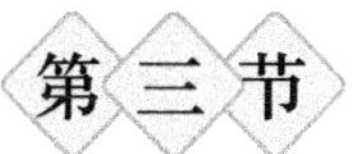

第三节　河南省职业教育经费投入支出总体分析

一　河南省职业教育的经费投入分析

近年来，职业院校的办学规模快速增长，办学基本条件逐步得到改善，职业教育对应用型人才的培养及对国民经济增长的贡献也在不断增大。但职业教育整体投入不足的问题并没有得到根本解决，这一问题长期困扰和影响着高职人才培养目标的实现。

财政性教育经费的增长与招生规模的增长不相适应。第一，财政性教育经费和事业收入是职业教育投入的主要来源。全国财政性教育经费占教育经费总投入的比率呈上升趋势，北京、江苏等经济发达地区的财政性教育经费投入比例更是高于河南省。财政性教育经费的投入增长缓慢与在校生规模发展增长过快不匹配。

第二,国家的基本建设拨款远远不能满足职业院校招生规模的需要。河南省基本建设拨款占教育经费总投入的比率低于全国水平。况且河南省正在发展经济区建设,在校生规模发展速度更快。

第三,河南省职业教育的经常性支出占用事业收入的比例较大,造成河南省职业院校进一步发展的后劲不足。从全国范围来看,事业收入占教育经费总投入的比率呈下降趋势,而河南省略有下降,但仍高于全国水平。

据发展中国家对教育成本的研究结果表明,职业教育的成本是普通高等教育成本的2.64倍,其中增加的投入主要用于专业教学设施设备及实习实训等费用的开支。而目前,大部分职业院校主要依靠学费收入来维持运转,学费收入占到总收入的50%以上,而财政性教育经费收入和基建拨款等收入远远低于此比率,有些职业院校基建投资几乎全靠自筹。反观国外职业教育发展,政府的财政拨款是职业院校收入的主要来源。从现实发展和实际办学情况看,由于经费严重不足,有相当一部分职业院校在办学条件上难以达到教育部所规定的基本要求。在职业教育规模快速发展过程中,教育经费的投入不足,致使大部分职业院校在师资队伍和教学条件等方面无法满足教学改革的要求,直接影响人才培养质量,也影响中国职业教育的可持续发展。由于缺乏办学所必备的硬件设施,特别是实验实训设备陈旧、简陋,缺少稳定配套的实习基地,人才培养中所要求的实践教学环节无法正常实施,教学组织过程只能沿袭传统的学科式理论灌输模式,出现媒体报道中"黑板上开机器"的现象,这样的办学偏离了职业教育的宗旨。

职业院校未能充分发挥自身优势,提升自身的发展能力。河南省职业教育其他收入占教育经费总投入的平均占比虽呈现持续上涨态势,但平均只有5.44%。澳大利亚在这方面有着成功的经验,其学校自身筹集的教育经费的平均值约占教育总经费平均值的25%~30%,这部分经费主要是通过有偿服务和开展海外培训活动获得的。除了完成当年的招生计划外,还以有偿服务的方式为公司、企业和社团等用人单位培训人员以及海外学员,极大地扩展了经费来源,弥补了办学经费的不足。从我国职业教育其他收入占总收入的比例分析来看,差距是显而易见的。

二 河南省职业教育生均经费支出分析

河南省职业院校的生均经费支出严重不足,而这种不足主要是因为学校经费有限,致使学校在日常教学、基建、教师培训等方面缩减经费开支,这极大地影响了教学质量。虽然培养学生的成本与地区经济发展有一定差异,但这种比例失调远远超出地区差异所带来的影响。

无论是全国还是北京、上海等大城市,江苏等经济发达地区,或者河北、陕西等邻近省份,其生均经常性支出都远远高于河南省。特别是作为经济发展迅速的北京,生均经常性经费支出每年在递增。而在河南省的职业教育中,政府对维持学校教学基本运转费用的投入严重不足,无论是与大城市相比还是与经济发达地区或邻近地区相比,这种差异已经大大超出由于物价、生活成本等地区不同所带来的差异,这将直接引发教学过程中的各种问题。

从生均财政经费支出绝对量来看,河南省的此项支出是较少的。河南省职业院校的财政拨款投入严重不足,导致实际支出远远比不上全国平均水平和邻近地区。由于国家财政拨款投入不足,致使河南省职业教育大部分支出依靠学校学费收入和其他收入来弥补。

三 河南省职业教育生均事业收入分析

各个地区学杂费收入都在其事业收入中占较高的比重。以河南省为例,虽然有降低的趋势,但学杂费一直在事业收入中占绝对优势。这就说明职业教育服务于社会的职能仍主要停留在提升学生的学历教育层面,而对于社会培训、技能鉴定、技术服务等方面拓展不够。

河南省职业院校的生均事业总收入远低于全国平均水平,只占全国平均水平的74.86%。虽然生均事业收入在逐步增长,但是增长幅度不高,说明在全国平均物价水平下,河南省的职业教育收费太低。这一问题加大了职业院校教育支出的资金缺口,使河南省的职业院校很难高质量地完成学生的培养,更不用说积累资金扩大发展。

河南省职业院校的生均学杂费收入与上海、北京等大城市和江苏等经济发达地区相比收入较少,只占上海的35.23%,北京的29.26%,江苏的73.67%。其职业院校的生均学杂费约占北京、上海等大城市的30%,约占江苏等经济发达地区的70%。在同等在校生规模下,如此大的生均收费差距,带来的就是河南省职业院校的事业收入总额较低,教育经费过度依赖国家财政投入。再与河北、陕西等临近省份比较,其生均学杂费占河北的77.90%,占陕西的69.52%。在经济发展相近,地理位置相近,生均支出的物价指数接近的条件下,其生均学杂费只有邻近地区的约74%。在同等学生规模、同等国家财政投入的情况下,河南省高职的教育压力是显而易见的。

四 河南省职业教育公共经费投入结构有待优化

职业教育属于公共产品范畴,教育资源较为稀缺。所以,对教育资源进行科学配置,提高其资源利用效率显得尤为必要。职业教育公共经费利用效益一般采用公用经费、个人经费以及基本建设经费等指标来进行评价。人员支出经费占比以及基本建设支出占比常作为探讨职业教育经费利用效率的一项参数。人员经费占比过高、基建经费占比过低是职业教育经费使用结构不合理、效率低下的重要标志。

因职业院校人员经费占比过高而造成职业院校经费使用结构不够合理。职业教育强调通过实训教学来培养学生的动手能力,具有较高学历、较强动手能力的专职教师是从事职业教育的重要中坚力量。此外,职业院校还应建设大批的实习、实训基地,购买足够的实习实训设备,职业院校的正常开支不仅主要包括教师的工资,还要进行教学设备购买、校园设施维护、实训基地建设等。所以,职业院校个人经费支出占比在所有经费支出中不应占比过大。然而,实际情况是,职业院校个人经费占比仍然偏高,公用经费与基建经费所占比例仍然偏低,2016年公用经费与基建经费占公共财政预算的比例分别是49.6%、1.71%,不能满足职业院校发展的客观需要。

从支出结构上看,2014年,河南省公共预算高职高专教育总计支出33.75亿元。其中,资本性支出(专项公用及专项项目支出)5.729亿元,占比16.97%,基本个人及商品公用支出28.08亿元,占到总支出的83.2%。人员经费占整个职业教育支出近58%。项目支出

2.01 亿元,占比 6.2%,项目支出比重较低。在财政补助性支出中,2014 年河南省全省公共财政补助支出 48.87 亿元,其中其他资本性(专项公用及专项项目)支出 10.512 亿元,占补贴支出的 21.5%;基本建设支出 21.71 亿元,占比 44.42%。全省职业院校的基建经费占全省公共财政经费投入的 26.28%。这一数字,充分表明职业院校投入大量的财政经费在教师培训上,而在基建项目与其他经费方面则投入普遍不足,其经费使用结构不够合理、效率较低。

长期以来,职业教育基础建设投入欠账太多,难以满足高等职业教育校舍建设、实训基地建设等方面的资金需求。从目前情况看,全省各类职业学校普遍存在学校基础建设投入不足的问题,如:高职高专院校的基建债务问题,各县级职业中学普遍存在校舍陈旧、实习实训设备不足和"双师型"教师队伍欠缺等问题,这些问题严重困扰职业教育学校的发展,成为学校进一步发展壮大的"瓶颈"。

第四节　河南省职业教育公共经费投入水平

职业教育培养的是应用型、技术技能型人才,强调动手能力和技术操作能力,具有很强的实践性和应用性。职业性是职业院校的基本特色,专业能力的培养是其教学的重要环节,与普通教育教学模式不同,职业教育事业的发展需要建立大批实训基地、购置能够满足实训分组数充足的专业实训装备。所以,职业院校的健康发展需要投入更多办学经费,职业院校是一种高投入、高成本的学校类型。课题组根据《高职高专校人才培养工作水平评估》办法,对高职院校的高职生培养进行了认真的测算,研究得出要达到教育部规定的教育水平,河南省区域内,在教室、食堂等公共基础设施投入均摊情况下,加上教师费用、仪器仪表、机械设备、日常管理等费用,学院要人均经费投入在 21000 元左右。文科的高职教育经费在 16000 元左右。随着物价的上涨,培养高职学生的经费将会越来越高。

从经费来源看,河南省高职教育经费收入包含:政府财政经费、企业捐赠以及学费事业收入等。其中,企业捐助收入主要来源于校企合作的企业,不确定性很大。从投入结构看,财政投入仍是主要的高职教育经费来源。虽然用于职业教育的税费迅速增长,占比不断提高,但跟不上职业教育快速发展的要求。此外,由于职业院校办学的活力不足,其他社会经费投入积极性没有得到有效激发,行业企业承担职业教育办学成本明显不足。

生均经费往往可以用来度量教育经费投入增长速度的快慢。大多以生均预算教育事业费支出、生均预算公用经费支出为衡量指标,来体现教育经费的增长。生均预算内公用经费的投入情况与生均经费水平基本一致。由表 4-7 中的数据可知:2015 年,河南省高职院校生均教育经费为 8909 元,与 2010 年的 3189 元相比,增加了 5720 元,增幅达 179.38%,年平均增长 29.9%。"十二五"期间,河南省各级地方财政预算收入一般年均增长 30% 以上,预算内教育经费投入能够反映各级地方政府的职业教育投入力度。所以,职业教育经费投入力度略低于政府财政收入增速。虽然河南高职生均预算内公用经费增幅明显,但生均预算内公用经费投入仍然偏低,很难满足职业院校实习基地建设的要求。高职生均经费水平偏低,职业教育经费投入水平与高素质技术技能人才培养成本明显不相符。

第五章 河南省职业教育经费投入体制机制成因分析

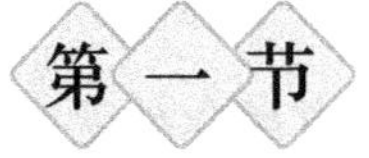

第一节 职业教育财政投入的体制分析

一 河南省职业教育经费法规体系不健全

职业教育作为一种技术技能教育,与区域经济与社会发展关系密切,是区域经济和社会发展的助推器。西方发达国家的职业教育发展证明,法律法规在职业教育中的地位越来越重要,职业教育的发展离不开法律的保护,如《莫雷尔法案》(美国)、《职业教育法》(德国)以及《拨款技术与继续教育资助法》(澳大利亚)等。

同西方发达国家的职业教育发展历程相比,我国职业教育立法体系尚未建立,职业教育法修订周期过长,地方政府配套法律法规更是在起步阶段,配套政策、地方法规出台过于缓慢,并且针对性较差,不能约束职业院校举办者的办学行为。各种专项法规缺失,造成职业教育经费投入主体、来源、使用、分配、管理以及监督等缺乏法律依据,只有各个政府的文件规定,不足以满足中国特色高水平职业院校的办学需要。因此,我国需要对职业教育进行立法。只有在国家的法律体系下,河南省才能建立较为完善的职业教育体系。因此,构建职业教育经费投入法律体系是职业教育发展新时代的客观要求,必须建立健全河南省职业教育公共财政事业性经费政策法规体系。

二 河南省职业教育公共财政事业性经费政策不完善

根据《关于普通高等学校学费标准进行调整的通知(豫发改办 232 号)》《关于规范高校收费管理的通知》(豫教财〔2007〕74 号)等文件精神,河南省高职院校的收费标准已经 10 年没有调整。10 年中,河南的居民消费价格综合物价指数上涨了 135%,教学成本连年上升,财政预算事业经费的投入也没有跟上办学成本需求。按现行的物价,根据 2004 年教育部高教司印发的《高职高专人才培养工作水平评估》标准规定,河南省高职教育人才培养的经费工科在 20000 元以上,文科在 16000 元以上。而公办高职教育的收费标准没有改变,高职教育经费的不足导致教学设备及其他资源短缺,人才培养的质量受到一定的影响。另外,学校的住宿收费及其他收费都受相关政策的影响,学校害怕学生及家长告状,宁愿不收费、不为学生提供服务，也不愿主动作为。可以说，是不敢作为。比如，在很多学校的教室、宿舍内装空调就遇到两难。一方面，学生有需求，但由于没有收费政策，不敢收费，经费没有收入项目，学校只好不装空调。

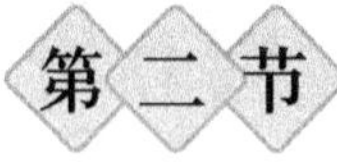

第二节　河南省职业教育经费投入机制剖析

一　河南省职业教育公共财政事业性经费投入及使用机制不健全

近年来，河南省对高职教育的经费投入不断增多，但河南省高职教育经费依然不足，满足不了当前高职教育的发展。一个重要的原因就是高职教育经费投入机制不健全。当前的地方职业教育资金主要来源是，本级财政划拨一部分，上级财政补贴一部分，职业院校收缴费用一部分。而我国的财政管理体制是分级管理体制，各级财政依据预算编制资金使用计划进行资金审批、核拨和会计核算，每一级财政根据预算盘子的大小分配资金。对于一些经济条件不太好的地市，在国家对各地的职业教育投资金额没有硬性规定的前提下，只能量力而行。因而投向职业教育预算的资金相对较少，职业教育资金来源主要依靠上级财政资金进行投资。另一方面，国家缺乏对职业教育投资的政策性法律文件，因而依据不同地区的消费水平，经济发展程度，确定职业教育的各级财政拨款数量，是保障职业教育的健康发展的一大途径。

二　河南省职业教育公共财政事业性经费考核监督机制不健全

首先，缺乏相关的法律监督体系。完善的法律监督体系不仅是各个监督部门有效监督职业教育公共财政事业型经费使用的重要指标，也是对经费投入政策执行全过程进行监管的重要保证。因此，健全的法律监督机制是保障高职教育经费投入制度有效实施的前提和基础。近年来，随着我国社会经济的飞速发展，我国的法制化进程也在不断加速，相继颁布了《高等教育法》《职业教育法》等法律，相关法律明确了职业院校办学的法律属性，推动了职业教育的法制化、现代化进程，使职业教育有法可依。但相关职业教育法律只是明确了我国职业教育的办学方向、人才定位、办学原则等内容，却并未涉及职业教育经费投入、使用及监管等关系到职业院校发展前途的具体细则。再加上我国高职教育起步相对较晚，有关高职教育经费投入体制机制研究尚不成熟，因此，有必要加强研究，为建立健全相关法律监督体系提供支持和参考。

其次，经费使用管理监督体系不完善。有关经费具体怎么使用、如何使用、由哪个部门负责使用等并没有相关规定和监管措施，缺乏有效的经费使用绩效考核体系，一些高职院校将经费过多的用于教学人员的聘用、教学校舍的扩建等方面，导致一些职业院校机构庞杂、人浮于事，本已十分有限的教育资源无法得到高效配置，浪费现象相当严重。以至于职业院校在经费使用过程中呈现效益低，利用率不高的现象。规范经费使用行为，如何切实实现教育经费的高效使用,保证有限的教育经费用到实处,是当前我国职业院校迫切需要解决的问题。

再次,经费监管评价机制不健全。对政策落实情况进行监管和督查是一个十分复杂的系统工程,它不仅明确监督对象,还应形成健全的经费监管机制来进行科学监管,还要有成熟可靠的评价机制来实现有效的评估。由于经费监管评价工作多由专门机构来进行,故其评价水平受制于该专门机构的资质及其从业人员的素质。如果该专门机构缺乏评价独立性,或者该评价主体和被评价主体存在利益关系或者隶属关系,必将增加经费监管评价的质量。

最后,经费监管评价指标不科学。经费监管评价的主体、客体和环境是进行经费监管评价时要考虑重要因素。此外,还要有科学的评价工具和手段。目前,我国职业教育经费监管评价指标多以定性为主,评价结果多以定性结果为主,而定性的评价结果肯定会影响到评价工作的信度与效度。所以,评价主体的不专业性与评价工具的不严谨性必将影响到经费监管评价的针对性和科学性。

三　河南省职业教育经费筹措机制不健全

由于人才的忠诚度不高,职业意识不强,社会价值观的趋利性,加之人才流动性增强,企业对高职教育的投资积极性不高,导致高职教育两头热、两头冷。企业对高职投资的积极性不高,校企合作的专业也仅限于部分紧缺的专业。大部分专业没有找到理想的合作企业,高职的投入仍然是两难的"两元"投资主体,高职教育的投资主要来源仍是政府与学生家长,国家是教育经费的主要承担者,国家公共经费投入成为我国高职教育经费最主要的来源。

第三节　职业教育投入主体积极性有待提高

一　各级政府

职业教育的外溢效应造成地方政府对职业教育的经费投入意愿不强。现行教育经费投入体制下,作为办学主体的地方政府缺乏职业教育办学经费投入动力。原因主要有:第一,由于地方职业院校培养的学生与当地的产业不能很好地衔接,造成职业学生在当地学无所用,异地就业的人数比例较大,技术技能人才的流动形成常态化,作为办学主体的地方政府不能从职业教育经费投入中获得明显效益。甚至有些政府官员认为地方职业院校为发达省份、发达地区培养了大量技术技能人才,而职业院校对当地经济发展作用有限,所以造成地方财政对职业教育投入积极性差的局面。第二,分税制的实施,由于地方经济发展水平不同,导致不同地区不同层级的财政收入出现差距,因为地方财政支出的责任日益加重,不少地方政府的财政收入严重不足,甚至达到入不敷出的地步,这就造成职业教育经费投入责任被搁置或弱化。

二 参与高职教育的企业

企业是诸多社会力量中与高等职业教育联系最紧密和最多的主体，但职业教育对企业的吸引力却依然不足。从参与主体方面来说，学校同企业之间的合作大部分仍以学校为主。通常情况下，学校为了招生，为了学生的就业，为了自身的发展，会主动积极地向企业发出橄榄枝，寻求合作；从社会、企业的角度看，企业总体参与性较低，由于校企合作的合作模式推广和普及力度不够，企业对学校的认识不深入，校企合作、产学结合的经验少，因而很少有主动接收职业院校学生实习实训、参与职业院校专业建设和课程改革并提供兼职教师的企业，校企之间缺乏深层次合作。另外，高等职业院校由于自身的定位，课程、专业、授课模式的安排与实际经济社会需求不相符合，缺乏双师型教师，学生把知识运用到实践的能力薄弱，也造成了企业对校企合作的积极性不高。在校企对接方面，很多高职院校尽管会邀请企业员工一起修订人才培养方案、参与设置专业课程、给出教学内容安排的建议，可是考核的标准却缺失。把企业对学生的培养要求忽略了，校企合作就流于表面，没有实质性的成果。作为以盈利为目的的社会企业，一定会把利益最大化放在首位，对才毕业出来的学生或者实习的学生不放心，同时也会对投入和产出是否成正比有所考量。

职业教育的发展跟政府的管理，企业的支持，行业协会的参与息息相关。怎样把各方利益联系整合起来，把行政管理主体、实践探索主体、知识理论主体以及社会大群体兼顾起来，建立起好的健康的互动，使各个成分、各种力量融合起来，是促进高职教育健康发展的关键环节。教育事业尽管是公益性的，也需要把社会力量参与和监督职业教育的意见和诉求纳入到考虑范畴。民办高职教育在发展过程中必须在设计、决策、评价、实施的过程中解决好各方面的利益需求，把各方面的冲突协调好。开办职业教育要正确理解教育的本质，全面思考如何推进民办高职教育的发展和深化，做好高职教育的实践，征求社会各方面的意见，调动全社会参与民办教育的热情和积极性，总结经验，推动民办高职教育的发展。

三 学生家长及个体

传统的就业偏见影响学生家长的职业教育投资。尽管学生家长都知道我国社会经济发展存在技术人员短缺的情况，但是家长们依然选择让学生尽可能地选择高等学校。原因在于人们对高职教育的偏见，在人才培养与就业观念上存在误区。一方面，我国高职教育起步较晚，没有形成系统的、科学的人才观。受长期以来“官本位”传统观念影响，轻技能、轻劳动、认为职业教育低人一等的观念没有根本改观，片面认为高职院校培养的是技术技能型劳动者，高等职业教育的学生明显被贴上“低能”的标签。这种对职业技术教育的认识，从主观层面上已经左右了社会对高职教育的认知。另一方面，用人单位在用人导向上也存在误区。“学历至上”论仍普遍存在，尤其是各机关事业单位在招聘时，仍然对职业院校的学生持有不同的看法，盲目地追求高层次学历，在社会上形成盲从效应，大大降低了高职院校学生就业率，严重影响了学生、家长对高职学生的投资意愿，进而阻碍了高职教育的快速发展。

第六章 国外职业教育体制机制比较研究

从世界范围来看,职业教育的繁荣发展是发达国家工业化时期的普遍现象,这并非偶然,而是职业教育适应工业化进程的必然趋势。纵观发达国家职业教育发展历程,我们发现,发达国家工业化的时代背景与我国面临的环境虽略有不同,但本质是一致的。教育属于上层建筑范畴,其发展必然要受制于当时的政治体制,经济状况。深入分析、研究发达国家职业教育的成功经验,为提高我国职业教育发展水平,形成自身特色提供有益的借鉴。本章通过回顾德国、澳大利亚、加拿大和新加坡四个国家的职业教育发展历程,深入剖析职教财政政策,提炼出财政政策层面的共性,为我国制订职业教育财政政策提供有益的借鉴。

第一节 德国职业教育体制机制研究

德国素有“工匠王国”的美誉,其先进的制造业闻名世界,宝马、奔驰、西门子等一大批世界顶尖品牌行销全球,“德国制造”成为全世界高质量产品的代名词。德国政府认为,国家经济强势的根本原因在于有一个统一卓越的职业教育和职业继续教育,因此,职业教育被誉为德国实现经济腾飞和持续发展的“秘密武器”。德国职业教育主张以需求为导向,以劳动力市场为纽带,紧密围绕产业发展实际、对接企业需求,开展人才培养工作,并在办学过程中形成了由职业院校和企业合作的“双元制”职业教育模式。这种职业教育模式为德国经济社会发展培养了大量职业综合能力强的高端技术应用型人才,被称为“职业教育范本”。

一 德国职业教育体制简介

1. 德国教育体系

德国的教育体系十分完备,包括基础教育、职业教育、高等教育和继续教育四个层次,三岁开始幼儿园教育,六岁入全日制义务小学,学制四年,小学毕业后实行第一次分流,进入中等教育体系,开始两年的定向教育,三年后,实行第二次分流,根据不同职业的要求和学生及家长的意愿,进入双元制职业学校、普通职校和普通高中,学制三年,至此,12 年义务教育结束。学生毕业后可以根据自己的兴趣和成绩选择是否就读大学或者职业继续教育。在整个教育体系中,职业教育的各个层次以及它们与普通教育之间,可以交叉和相互沟通,形成了“H”型的结构网络。其中,两竖代表职业教育和普通教育,一横表示相互沟通。德国的教育体系,使绝大部分学龄儿童及青少年能接受到至少一项职业教育训练,直接掌握一门技术,被企业雇用,同时又能提供有志于继续深造的青年接受高等教育的机会。因此这种教育体系的特点是纵向可以逐步发展,横向彼此联系沟通。

2. 德国的职业教育体系

在整个教育体系中,职业教育占有重要地位,是学生升学就业的主要渠道。德国的职业教育一般分为两种类型:初级职业教育和继续职业培训。初级职业教育基本属于职前教育,面向尚未就业的年轻人,主要帮助年轻人掌握一技之长,提高青年的就业能力;继续职业培训属于在职教育,教育对象以在职人员和失业者为主,以适应国内外产业和技术变化,有效提高受训者的竞争力。接受过初级职业教育并有一定职业实践经验的人员,既可利用已经学到的知识和技能,长期从事相应的职业,也可接受更高层次的继续职业培训。职业教育是每个职工的终身教育,即培训—就业—再培训—再就业。劳动就业部门既管理就业、失业救助,又管理培训工作,各行业协会、各州政府、各企业为实施《职业教育法》各司其职,中央政府实行宏观管理和协调组织工作。

3. 德国"双元制"职业教育模式

"双元制"是德国实行职业教育最主要的特点,也是推行职业教育最成功的关键,是由政府对职业教育进行宏观管理,学校、行业主管部门和生产单位组织实施的三重负责制。据悉,德国约有75%以上的初中毕业生直接进入企业中的培训机构接受职业技术培训,同时进入各类相应的职业学校学习基础知识。这种相互交叉、有机结合的管理体制,为职业教育的实施和完成提供了保证,有利于在教学过程中贯彻理论联系实际的原则,有利于培养出既懂理论又有动手能力的生产和管理人员。

(1)"双元制"职业教育模式概况

"双元制"是源于德国的一种职业培训模式,所谓双元,是指职业培训要求参加培训的人员必须经过两个场所的培训,一元是指职业学校,其主要职能是传授与职业有关的专业知识,提高学员在企业中的实践培训成果,加深和补充普通教育;另一元是企业或公共事业单位等校外实训场所,其主要职能是让学生在企业里接受职业技能方面的专业培训。这种教育模式以企业培训为主,企业中的实践和在职业学校中的理论教学密切结合。

德国"双元制"职业教育模式学制为2—3.5年,一般主体为中学毕业生,其智力特征以形象思维为主,培养目标为技术管理人员。教学分别在企业和职业学校里交替进行,有60% ~70%时间在企业,30% ~40%时间在学校。在培训的组织方式上,采用由企业进行实际操作方面的培训,培训学校完成相应的理论知识的培训,企业与职业学校两方面共同完成对职业学校学生的培训工作。

德国"双元制"职业教育模式的课程设计以职业需求为核心。德国双元制模式的理论课程设计是以职业活动为中心选择课程内容的,理论课覆盖了专业所需的所有理论,知识面广,深浅适度,综合性强,有利于培养学生的综合分析问题和解决问题的能力。而所有的课程都按照学期进行细分,无论哪一学期的课程,始终都是围绕某一方面的实践从泛到精、由浅入深展开的。课程的选择都是经由教学经验丰富的业内专家综合编排的,更注重直接性的职业经验。"双元制"的作用是给学生以从事职业所需的知识和技能,是基础性质的。将来他们无论从事哪一个层次的职业,都必须以经过"双元制"职业教育(培训)为必要条件。

(2)“双元制”职业教育模式的基本特征

一是同生产紧密结合,培训目标更符合企业的需要。德国“双元制”模式下的学生大部分时间在企业进行实践操作技能培训,而且所接受的是企业目前使用的设备和技术,培训在很大程度上是以生产性劳动的方式进行,从而减少了费用并提高了学习的目的性,学生的学习目的明确“为未来工作而学习”大大激发了学生的学习动机,这样有利于学生在培训结束后随即投入工作。

二是企业的广泛参与。大企业多数拥有自己的培训基地和人员。没有能力单独按照培训章程提供全面和多样化的职业培训的中小企业,也能通过跨企业的培训和学校工厂的补充训练或者委托其他企业代为培训等方法参与职业教育。

三是真实的生产环境及先进的设施设备,使学生比较接近实践,接近未来工作的需要。

四是能较早地接近新技术、新工艺、新设备、新材料。

二　德国职业教育的管理体制

1. 政府职责明晰

德国是联邦制国家,政府机构分为三级:联邦政府、州政府和地区政府。德国共有 16 个联邦州,各州具有高度的自治权。联邦政府负责统筹职业教育宏观政策,而州政府主要负责细节性事务。各级政府在职业教育上的事权划分明确、配合密切。

联邦政府层面上,联邦教育与研究部(BMBF)负责指导职业教育发展。其他联邦部门出台的任何培训法规须与 BMBF 保持一致。此外,德国还设立了职业教育协调委员会,协调联邦与各州间的教育工作。依据《职业教育法》,1970 年成立联邦职教研究所(BIBB),负责规划职教未来的发展方向、促进职教创新以及构建以实践为导向的职业培训体系。BIBB 委员由企业、行业协会、联邦政府和州政府的代表组成,代表地位平等,共同为职业教育的发展商讨对策。

州政府层面上,各州的文化教育部门负责本州的职业教育。职业培训委员会为本州的职业教育发展提供建议,促进企业培训和学校教育的紧密结合,委员会由职教利益相关方的代表组成,包括企业、雇员以及州政府代表。

地区政府层面上,行业协会,包括工商行业协会、手工业行业协会、农业协会、律师协会、医生协会等经济组织,是德国职业教育最重要自我管理机构,协会有 8 项重要职责:认定教育企业资质、审查管理教育合同、组织实施结业考试、修订审批教育期限、建立专业决策机构、调解仲裁教育纠纷、咨询监督教育过程、制定颁布教育规章。

2. 行业协会监管到位

行业协会是职教发展的重要社会力量,其功能主要包括监管本地区提供培训的企业、审查培训的适宜性、评估实训教师的资质。在《手工业法》和《职业教育法》的授权下,行业协会可因地制宜,制定相关规则,同时,行业协会还负责职业培训的中期考核、制定合格标准,学生要想获得职业资格证书必须通过行业协会的资格鉴定。这种培训与考核相分离的考核办法和有效的行业监管制度,保证了培训的质量,使职业资格证书更具权威性。

德国的各级政府在职业教育中职责虽有所交叉,但各自职责范围非常明确,再加上完善的法律体系使得各相关方在履行职责时必须严谨规范,避免了相互推诿扯皮。行业协会作为参与职业教育的重要社会力量,有效监管了企业培训,保证了培训质量。明晰的管理体制和有效的行业监管制度是德国职业教育效率较高的核心因素。

三 德国职业教育的经费投入体制机制

“双元制”是一种在国家的引领下,各级政府和企业在共同承担职业教育经费的基础上合作培养技术技能型人才的职业教育模式,其中,公共财政承担职业院校经费,企业承担企业内发生的培训费用。

1. 政府的公共投资体制机制

职业院校经费的责任主体是联邦政府及各州、地区政府,其中各州对职业教育具有最高的管辖权限,这也就决定了州政府是职业教育公共投入的主要负担者。以 2001 年为例,德国的公共教育支出中,联邦政府投入了 79 亿欧元,占总支出的 9.18%;州政府投入了 616 亿欧元,占总支出的 71.54%、地方政府投入了 166 亿欧元,占总支出的 19.28%。具体到职业教育该比例为 1.22%、81.71%、18.29%。

资金来源于私营个体和企业缴纳的税金。无论是公立职业院校还是得到国家认可的私立职业院校,都可以根据相关法律和规章制度得到联邦政府及各州、地区给予的人事费用、业务费用、管理费用等补贴。具体而言,联邦政府提供的经费,主要用于职业院校的培训补助费;州政府提供的经费,主要用于教师的人工费和向地区一级提供专项补助金;而地区政府提供的经费,则主要用于非教师的人工费,即职业院校建设、重建及装修费用,以及设施费用。

联邦政府从政策上引导地方财政,运用州级横向财政平衡、垂直财政平衡等手段,实现财力均衡的目标。其中横向财政平衡主要用来调节州与州、地区与地区之间的财力差距,以此缩小地区公共服务的差异。联邦政府还会通过教育政策、项目资助、配套拨款等方式影响各州职业教育的价值取向。如联邦政府的 EQJ 项目,为了激励企业提供培训岗位,为每个培训岗位提供了包括 192 欧元的生活费用和 102 欧元的社会保险费,一定程度上减轻了企业的负担。联邦政府还向职业教育提供贷学金,贷学金项目的目的是要对已经完成第一次培训的专业技术人员的职业晋升培训提供财政支持,并促进其结业后的职业发展。其中,2004 年贷学金受助人数为 13.3 万人,投入金额达 3.79 亿欧元,受助人数呈逐年上升趋势。贷学金项目费用的 78% 由联邦政府负担,其余 22% 由各州政府承担。

这种联邦政府宏观调控,地方财政投入为主的职业教育经费体制,有效保证了经费的稳定性,同时也保证了不同地区的居民能够享受到平等的公共服务,有力地提升了职业教育的效率与公平。

2. 多元化筹资渠道

从企业的经费来看,经费的责任主体主要是德国各级政府部门和企业,经费来源于私营个体的税金和失业保险投入、企业缴纳的税金和失业保险投入及盈利。各级政府也直接或间接地承担了一定的企业内培训经费,各州按照实际情况酌情减免部分培训企业的税收。政府对行业协会的资金支持上,给予行业协会任命的培训顾问以一定的资金补贴,也为行业协会举办跨企业培训场所提供经费补贴,并为其配置设施设备、消耗材料以及开发、实施培训课程等提供资金扶助,同时还通过为行业协会的某个项目提供专项补助的形式来支持其工作,以鼓励行业协会在“双元制”职业教育中发挥应有的积极作用。同时德国也借助欧盟成员国之一的优势得到欧盟及欧洲社会基金的资金补助。由此可见,企业内培训的费用也并非完全由企业承担,亦可称为混合经费模式。

以 2000 年为例,德国双元制职业教育总支出为 218 亿欧元,企业承担了大约 2/3 的费用,见表 6-1。

2000 年德国双元制职业教育经费支出情况 表 6-1

项　　目	企业培训	政　　府	联邦劳动局	合　　计
金额(亿欧元)	147	34	37	218
比例(%)	67.4	15.6	17.0	100.0

企业投资职业教育的经费主要用于培训者及受训者的人工费、场地费、培训费、管理费等。形式有两种,即直接资助和集资资助。其中,企业直接资助是主要方式。采用这种模式提供职业教育经费的大多为制造业领域的大中型企业,如大众汽车公司、奔驰汽车公司、西门子公司等,同时还有部分规模大的经营性、服务性产业,如大型的百货公司、保险公司、银行、贸易公司、大规模饭店等。这些企业具备较多的技术技能型工人需求,可以依靠自身的职业培训中心培养后备人才。企业集资资助则主要是为了防止有资格开展职业教育和没有资格开展职业教育的企业之间产生不平等竞争、恶性竞争而引入的一种投资模式,这种投资模式又根据集资对象的不同而分为多种不同的基金融资形式,如劳资双方基金形式及中央基金形式等。

四　德国职业教育的经费投入保障机制

开展职业教育的一个最大问题就是培训经费问题。如何保障国家、企业、社会的持续投入直接关系到职业教育的健康发展。德国建立了完善的经费保障体制,主要通过立法的手段解决经费保障难题。

1. 立法体系完善

德国涉及职业教育的立法多达十几部,几乎囊括了所有与职教相关主体的责权利,包括《职业教育法》《职业教育促进法》《企业基本法》《手工业条例》《青年劳动保护法》《实训教师资格条例》等,德国职业教育的立法体系上十分完善和规范。

2. 立法主体明确

1969 年,德国颁布《职业教育法》,首次用法律的形式规定了“双元制”职业教育制度,明确了“双元制”教育利益相关方的责、权、利。该法规定,德国职业教育经费主要由公共财政和企业共同资助。学校内发生的费用由公共财政承担,而企业内发生的培训费用,由企业承担。

1981 年颁布的《职业教育促进法》规定，所有企业在一定时期内必须向国家缴纳一定的中央基金，由国家将这些基金分配给承担培训的企业。中央基金的资助力度视企业规模及培训专业不同而不同，对于培训专业适合发展潮流的企业来说，支持力度达到 100%。欧盟的社会基金（ESF）也是职业教育的直接资金来源，2007—2013 年 ESF 拨款 90 亿欧元促进德国的社会经济协调发展，其中 32% 用于提高人力资本水平，一些特殊赞助的培训项目还可以从联邦劳动部获得补充经费。

3. 立法量化具体

联邦政府《基本法》明确规定国民生产总值的 1.1%、工资总收入的 2.5% 要用于职业教育，由议会审定监督。法律条文的数量化要求强化了职业教育经费投入的约束力，切实保障了经费的落实到位。此外，德国还会针对特定问题制定相应的立法条文。具体到教育经费保障方面，法律详细规定了各方的经费投入责任，甚至规定了违法者应该受到的惩罚。如《联邦职业教育场地法》规定要充分利用现有的职业培训场地，如果企业培训场地闲置不用，则要缴纳培训费；巴伐利亚州的《学校经费筹措法》就详细规定了学校费用的种类、内容、解决具体经费的途径等执行层面的问题。

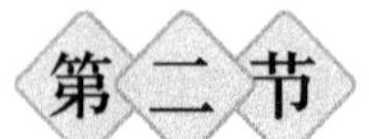

第二节 澳大利亚职业教育体制机制研究

TAFE 是 Technical and Further Education 的简称，即技术与继续教育，它作为澳大利亚一种独特的职业教育培训体系存在至今已有一百多年的历史，已经成为澳大利亚职业技术教育的主力军，在世界高等职业教育中也占有重要的地位。TAFE 学院为学员提供阶段性的，但又是可持续的教育和培训课程，使学员可以在不同时期根据自身不同的需求选择相应的课程进行学习，是以行业为主导，政府、行业、学校与社会紧密结合，以学生为中心，实行灵活办学的，与中学、大学有效衔接，相对独立、多层次的综合性职业教育和培训体系。

一 澳大利亚职业教育体制简介

1. 澳大利亚教育体系

澳大利亚的教育具有世界一流的水准。这个人口前几年才突破 2000 万的国家，已先后有 13 位科学家获得过诺贝尔奖。所有的澳大利亚学校教育都是根据个体的需要、能力与兴趣而设，使得每个学生都得以发挥其个人的潜能，并能运用于各行各业。

澳大利亚教育系统可分为五大部分，分别是中小学；由技术与继续教育学院（TAFE）构成的职业培训系统；为海外学生提供英语课程的英语补习学校（ELICOS）；开设商业、饭店管理、航空驾驶等职业课程的私立学校；大学。

澳大利亚的教育体制大致承袭英国的系统，小学 6 年（即 1 ~ 6 年级）；中学 6 年（7 ~ 12 年级，不分初中高中）；专科 2 ~ 3 年；大学 3 年。依据科系的不同，其修业年限也有差异，例如：文、商、理科 3 年，工科 4 年，法律 4 年或 5 年，医科 6 年。一般要进入专科以上学校进修者,必须完成12年教育。澳大利亚学生在12年级毕业后若想继续进修,可以有两种选择:第一,以实务课程为主的技术与继续教育学院;第二,具有学术理论性质的大学课程。申请资格以12年级的毕业会考成绩为依据。

2. 澳大利亚的职业教育体系

澳大利亚高等职业教育虽然有一百多年的历史,但真正获得快速发展却是在20世纪80年代以后。走以内涵发展为主的道路,建立国家职业资格证书制度,发动企业参与,扩大办学规模,提高办学效益是澳大利亚高等职业教育近年来改革与发展的主要举措。长期以来澳大利亚各级政府、社会各界和广大职业教育工作者,重视高等职业教育在国民经济发展中的作用,致力于高等职业教育的改革,促使高等职业教育获得可持续发展。大力发展高等职业教育,构建高等职业教育体系,是澳大利亚职业教育改革的重点。

澳大利亚高等职业教育主要由两类机构实施,一是独立设置的TAFE学院。全澳共有280多所TAFE院校,它们是澳大利亚最大的高等教育系统,是澳大利亚职业教育的主力军。二是大学设立的职业教育部。它们成为澳大利亚从事高等职业教育的重要机构。此外,还有大量的私立高等职业教育培训机构,它们是以TAFE学院为主的公立职业教育系统的竞争者和其改革的重要外在推动力量。

澳大利亚高等职业教育体系化、课程结构模块化、证书、就业一体化,办学形式多样化,很好地将普教、成教与高等职业教育连成一体,建立起一种"立交桥"式的义务教育后教育体制,加强了职前与职后、初等、中等与高等教育的衔接,使得受教育者在高中、职教与高职院校、大学和在职培训机构之间自由流动,在全国形成了以TAFE为主体的完整的终身教育体系和职业教育网络。

TAFE学校入学要求灵活,学制上采取学分制,依积累学分的多少发给相应的结业证书、资格证书或文凭;短期培训发给学习证明。层次的差别有如我国的中专、大专、本科。TAFE学院一般不授予学位,要取得学位,须进入高等教育学院或综合性大学深造。学分制允许间断学习,这对于成人来说就意味着处理家庭负担及自身工作与学业的矛盾之时有较大的选择余地。在这种学制下,课程的时间有长有短,从12周、24周到一年、两年不等。

在普通高中教育阶段,学生就可以自由地选择一级证书到四级证书要求的职业教育课程。高中毕业进入TAFE学院后,在高中教育阶段所得的职业教育课程学分得到承认,即不必从头学起,可直接学习后续的课程模块。学生从TAFE学院毕业后,也可以进入大学学习,其在TAFE学院学习的相关专业的课程全部(若大学的专业实践性较强)或部分(若大学的专业理论性较强)得到承认。

3. 澳大利亚"TAFE"职业教育模式

TAFE是澳大利亚高等教育的重要组成部分,是联邦政府和各州政府共同投资兴建并进行管理的庞大教育系统。澳大利亚共有75万普通高等院校的学生,TAFE系统学生数量多达127万,是普通高等学校在校生数的1.7倍。

(1)TAFE的发展历程

澳大利亚职业教育与培训的历史可以追溯至19世纪早期,技工协会、矿产学校及技术工人大学等致力于提升澳大利亚工人技能的组织在当时就已经形成了一定的基础。

20 世纪 60 年代,澳大利亚的职业教育与培训基本都是以国家及各州对职业教育与培训进行直接资金注入为主,但是这些机构所能获得的资金相对其发展来说还是较少。后来为区别于其他私立培训形式,这部分用国家资金发展起来的职业培训被统一称为技术与继续教育(Technical and Further Education),简称 TAFE,而这一部分依靠政府投入维持运行的职业培训机构也成为了之后 TAFE 学院的前身。在此期间,其余非常少的一些私立培训机构则主要靠自身的市场营运能力来维持发展。

1974 年应技术与继续教育的需求,坎甘(Kangan)报告界定了 TAFE 的内涵与定义,培训向一种职前预备培训转化,并且更多地从事于传统的商业与技能培训。而 TAFE 被认为更能有效地整合教育与培训资源,满足行业与社会中各类教育的需求。在此期间,奠定了现代 TAFE 职业教育培训体系的基础,并以全国统一的形式将 TAFE 这一称呼作为一种独特的教育形式载入国家文件中。

澳大利亚政府针对本国职业教育的发展特点,为了更有序地发展职业教育,于 1973 年出资建立了以坎甘为主席的技术与继续教育(TAFE)委员会,并于次年发表了《坎甘报告》(即《关于技术与继续教育的需求报告》)。该报告确认了 TAFE 的内涵与定义,TAFE 第一次被界定为高等教育的一部分,第一次明确地使用了"TAFE"这个缩写来表述这一教育模式。《坎甘报告》指出:"TAFE 教育是整个社会的职责,并且它是一种周期性、可持续性的教育,尤其是用以满足那些缺乏足够基础教育的成年人的学习需要。"坎甘为 TAFE 构筑了一个更宽广的更人性化的蓝图,即服务于个体、提升个人能力(serving and empowering the individual)。坎甘将 TAPE 定位于是一种继续教育与终身学习,同时 TAFE 也是一项确保社会公正、社会流动和吸引更多的职业教育与培训经费投入以造福社会的有效机制。该报告还呼吁,政府给予职业教育以充分的重视,提出以政府出资发展 TAFE,这是澳大利亚职业教育发展的转折点。

20 世纪 90 年代,联邦政府采纳了相关的海外经验,减少了教育部门在 TAFE 教育中的干预,政府基金采取课程公开招标的方式来发放。并成立了相应规范的职业教育体系,制定了全国统一的职业能力标准及资格体系来完善职业教育的发展,至此 TAFE 教育在更规范的体系保障下蓬勃发展起来。

进入 21 世纪,TAFE 面临着全球化浪潮所带来的竞争压力。为了应对这一竞争形势,TAFE 更多的致力于为行业、个人及社会的需要服务,在全国统一体系的背景下更注重于来自行业的需求和建议、满足员工的需要并且进一步深化与明确质量标准。TAFE 教育已经成为澳大利亚职业技术教育的主力军,在世界高等职业教育中也占有重要的地位。

(2)TAFE 职业教育模式的基本特征

①机制灵活,办学方式多样。

一是学制和学习对象的灵活和多样性。澳大利亚 TAFE 的课程包对学习时间和学习对象没有任何规定,学习时间从 3 个月到 2 年不等,根据培训的需要来具体确定,以修满规定的学分,具备相应的职业技能为准。培养的对象不受基础和年龄的限制,也没有特别严格的入学考试制度,只要接受过 12 年的基础教育就可以。学员还可以根据自身时间安排的情况自由选择培训或学习时间,如工作的学员可以选择离职培训、在职培训或离职培训和在职培训相结合等方式灵活的授课；就学时间可采取全日制或兼职学习方式，还可根据管理信息系统由教师、学生自由选择；TAFE 的教师也可以根据企业需求的时间来授课。

二是课程设置和教学方式的灵活多样性。TAFE 的课程可以面向不同年龄、不同行业社会群体，提供社会和行业改革所需的各种知识和技能。在课程安排方面，提供有阶段性的、又可连续的课程，方便学员在不同时期、针对不同需求来决定所修课程。部分课程还可与大学学位实现学分减免、课程转换和衔接，为学员提供证书、文凭或行业技能培训等多功能的立交桥式的教育培训平台，更提供了学员终身学习的良好平台。TAFE 的教学内容以培训包为标准，一般没有统一的课本，由各学校和教师自主选择教学内容，多以讲义和辅助资料为主，这也要求老师在授课的过程中强调与实际需求的紧密结合。TAFE 课程采取各种灵活多样的教学方法和手段，通过课堂、工作现场、模拟工作场所、网络等诸多方式开展教学。由于班级人数普遍较少，平均 20 人左右，学员在课堂内讨论发言的机会很多，教师的授课方式也灵活多样，通常以学员为中心，以实践为主旨，真正实现以学为主，以提高职业技能为中心的为一切愿意接受教育或培训的人员提供有效服务的教学定位。

三是考核方式的灵活多样性。TAFE 课程采用多种考核方式，但是理论考核要求宽松，以实践能力的考核为主。每个培训包课程都有最低的能力考核要求，教师在建议的 12 种标准测试方法中至少选择两种以上的方式进行考核。评价体系注重的是过程考核，而不是结果考核。教师在授课前就要清楚地告诉学员该课程考核的方法和具体的时间安排，每一个课程至少采用两种以上考核方式，而且每一种考核方式都最大限度地覆盖课程的各学习要素，每一点要素也至少要被考核两次。通过这些方法，能够全面客观地考查课程的重点要点，强调学员平时的学习和资料的积累，并侧重实际能力的培养。因此，对有些课程的考核，学员从一开始接受培训就要认真准备各项材料，在学习的过程中注重自身实践能力的培养和提高。这些方法的综合利用，更有效地培养了学员的能力，考核的结果也能更如实地反映出学员的实际能力。

②行业与学院的深度融合。强调和行业的紧密联系，充分发挥行业的主导作用是澳大利亚职业技术教育的另一大特色。在多年的职业教育改革和探索中，澳大利亚逐渐形成了以行业为主导的职业教育制度，极大地支持和推动了 TAFE 的可持续发展，形成产学研一体化发展的良好局面，也成为 TAFE 备受青睐和称赞的主要原因之一。国家及各州还设有产业培训理事会作为培训的顾问机构，发挥着纽带和桥梁的作用。产业培训理事会一头连着产业，另一头连着国家培训管理局、各州教育培训部及其 TAFE 学院。按照这样的方式开展的职业教育与培训，使 TAFE 学院与企业相互依赖、相互支持、共同发展。他们在 TAFE 学院中要承担的工作有：主导有关职业教育和培训的宏观决策、参与 TAFE 学院办学的全过程、负责教学质量评估、投资岗位技能培训。一方面行业根据雇主提出的专门培训要求，向 TAFE 学院拨款开展培训，据估计，行业每年用于各种形式的培训费约为 25 亿澳元；另一方面，学院也必须依靠企业，为企业“顾主”服务。

二　澳大利亚职业教育的管理体制

澳大利亚有六个州（State）和两个领地（Territory）。六个州分别是 1901 年之前曾各自独立的英国殖民区，其他没有被当时的殖民区管辖的地方，在 1901 年之后就成为联邦政府直接管辖的领地。澳大利亚只有两个领地：北领地和首都领地。各州拥有自己的州政府，有州长（Premier），有州总督（State Governor），但领地没有这些职位，领地自组政府的权力源于联邦的授权，领地的最高行政负责人是行政长官（Chief Administrator）。政府协作和行业主导是澳大利亚在职业教育管理上的鲜明特征。

1. 政府协作

自 20 世纪 90 年代以来，联邦政府逐渐把职业教育放到了提高劳动力素质、促进国民经济增长的高度上来认识，主要负责有关职业教育政策的制定、监督职业教育经费的使用、预测劳动力需求等宏观管理职能。2007 年组建的澳大利亚技能署（Skills Australia），作为一个独立的政府机构，职责是帮助政府确定国家所面临的日益严重的技能危机，评估相关研究及利益群体，以帮助政府确定劳动力开发需求，对政府近来和未来的技能需求提供建议。政府在这些建议的基础上，再制定培训规划，以确保澳大利亚形成全部就业的经济及为未来发展高技能和创新型劳动力。

根据澳大利亚《宪法》的规定，澳大利亚全国 6 个州和 2 个领地的政府对各自的教育与培训负主要责任，负责本地区的职业教育发展政策、战略规划的制定与实施，教学工作的安排以及证书颁发等管理职能，管理州和领地范围内的所有 TAFE 学院，以及为职业教育的运行和发展提供资金。

联邦政府与州和领地政府各有侧重，形成了澳大利亚完整的职业教育管理体系。

2. 行业主导

为使整个国家的 TAFE 学院实现更加有序地运作，1992 年，澳大利亚成立了国家培训局（ANTA），建立了澳大利亚培训质量框架（Australian Quality Training Framework，AQTF），确立了行业在国家培训系统中的主导作用，实现了各级政府与行业、企业合作的形式实施职业教育与培训的途径，这促进了澳大利亚职业教育与培训系统的大发展。同时，各政党就职业教育和培训系统全国性改革达成共识并签署协议，确立了联邦教育部、国家培训署、各州和领地政府的职责、权限及相互关系，也奠定了政府和行业在职教培训上的合作基础。

2005 年，建立了更合理的管理、责任和运行机制，从而形成以联邦、州和地区政府共同合作为基础的、有效的国家培训系统。因此，《使澳大利亚技能化：职业教育和培训的新方向》以这两个因素为基础，提出了新的职业教育与培训系统框架。框架由三部分组成：企业和行业在所有层次培训中的领导和参与；国家管理和责任框架；国家技能框架。同年，国家培训局被废止，其功能转交给澳大利亚教育、科学与培训部（DEST）。

2007 年，行业技能理事会（Industry Skills Councils）的作用得到进一步加强，主要负责判断雇主的培训需求并分配培训位置；确定合适的培训机构，开发行业培训，与就业服务机构合作为失业人员提供培训。行业技能理事会将与雇主和工人代表共同确定企业培训需求，并使这些需求与特定的培训相适应，每个行业技能理事会都将分配他们的一部分培训位置给就业服务机构，从而使失业人员获得适应雇主需求的培训，以防止结构性失业和技能浪费状况的发生。

三　澳大利亚职业教育的经费投入体制机制

澳大利亚的职业教育主要由技术与继续教育部门(TAFE)承担,其经费的主要来源于政府(联邦政府和州政府)、企业资助和学生学费。

1. 政府的公共投资体制机制

与澳大利亚的政体相适应,澳大利亚财政分为联邦(中央)财政、州财政和地方财政三级。其特点为:各级政府财政部都有独立的预算和相应的财政管理部门;依照宪法界定财政事权和支出范围,明确划分各级政府收入;通过自上而下的转移支付制度,调节纵向和横向不平衡。与澳大利亚联邦制的教育体制和管理体制相适应,澳大利亚的教育财政是由联邦政府和州政府合作负责的。各州主要负责为学前教育、普通公立中小学教育和 TAFE 学院提供经费,并拨款给非公立中小学和非官方的学前教育中心;联邦负责为大学和其他高等教育机构提供全部经费,并对学前教育和 TAFE 学院提供补充经费。目前,在澳大利亚职业教育的经费中,州政府的拨款占主要部分,一般占澳大利亚各级政府拨款的 57% 左右。其次是联邦政府拨款,约占澳大利亚各级政府拨款的 22% 左右。澳大利亚政府对职业教育的拨款采取以经常性拨款为主、项目招标为辅的方式。

20 世纪 90 年代以来,澳大利亚政府不断增加对职业教育的经费投入。1990—1991 年职业教育经费达 4.4 亿澳元。1993 年用在职业教育和继续教育的投资约 25 亿澳元,约占当年国民生产总值的 0.5%。近年来,政府加大了对职业教育的资金投入,1997 年职业教育投入额达到 73 亿澳元,1998 年增加到 84.45 亿澳元。澳大利亚政府和社会各界对职业教育的高投入,促进了职业教育的迅速发展。

经常性拨款,占澳大利亚公共职业经费的 70% ~80%。这类拨款只用于 TAFE 学院,覆盖 TAFE 学院的基础设施建设及教学等各个方面。经政府和各个 TAFE 学院双方协商,签署“年度资源分配协议”,形成正式文件。这个协议根据 TAFE 学院为每个学员提供一小时培训所需的平均成本,详细规定了政府拨付资金的数额和 TAFE 学院为此而需达到的教学任务。

培训项目招标是澳大利亚政府分配职业教育运作经费的重要手段,也是 TAFE 学院获取运作经费的主要途径。目前 TAFE 学院获取运作经费的招标项目主要有培训招标项目和用户选择培训项目。

(1)培训招标项目

对于一些冷门培训项目或职业教育研究项目,如残疾人职业教育与培训项目、培训量相对较少而难度相对较大的项目、科技含量比较大且硬件投资较多的项目、国家职业教育与培训的长远规划研究项目和职业教育教材编写项目等,澳大利亚政府采取市场竞争来选择职业教育与培训学校。近年来,TAFE 学院凭借自身的实力积极参加这类培训项目的公平竞争,基本上平均每个 TAFE 学院能从政府那里获得 10% 的学院运作经费。

(2)用户选择培训项目

为了促进企业员工的劳动技能和个人素质的全面提高,澳大利亚政府提出了“新学徒培训计划”“职前培训计划”等其他在职人员的各类职业教育和培训的适应市场需求的年度培训额度计划,以政府出资75%以上、个人和用人单位支付20%左右经费的方式,由个人和用人单位协商自主选择培训单位来完成培训任务。这样一来,TAFE学院必须与其他各种不同类型的、在政府那里注册认可的职业教育和培训学校一样,通过市场竞争来获取这类计划的培训任务。由于TAFE学院的自身优势,一般能从企事业用人单位招收到受培训者。TAFE学院能从该类项目中获得20%的学院运作经费。

2. 多元化筹资渠道

(1)学生交纳的学费

TAFE学院的学生主体分为2类,因此,其学费也分成2种,一是当地学生缴纳的学费,二是留学生缴纳的学费。而后者逐渐成为TAFE学院提高经费收入的途径之一。TAFE学院对在校学生收取学费,学费数额因所学专业而异,其缴纳方式大致分为2种:一是交纳全额学费,采用这种方式缴费的学生还可以享受25%的优惠;二是采用贷款方式,可以部分贷款,也可以全额贷款。由于政府采取贴息政策,因此,学生贷款利息不随物价因素上涨。如果学生毕业工作后仍无偿还能力,可暂不还贷,学费的偿还率与学生就业薪金紧密相关。这一政策促进了澳大利亚高等教育的发展,既保证了学生的入学率,也提高了学生的学习效率。在澳大利亚,留学生教育已经成了一种产业。其主要目的是为了筹措更多的经费来支撑本国的教育。为此,澳大利亚政府也做出了不少的努力,他们在国内以及国外都设立了不少的留学咨询服务机构,加强海外的宣传力度,千方百计地吸引海外学生。由于澳大利亚本身高职教育的实力雄厚,加上政府的大力宣传,其海外留学生的数量也逐年递增。在留学生的学费问题上,澳大利亚政府对其做出了最低收费标准,但无上限规定,这些举措为澳大利亚赢得了大量的外汇。据统计,1996年,仅维多利亚州就从2.4万名海外学生的学费和生活开支上,增加了5亿多澳元的收入,到2010年,澳大利亚全国招收海外学生20.6万人,创汇高达72亿澳元。

(2)为企业提供有偿服务及企业投资

在政府的立法强制形势下,各行各业都将培训看作是一种投资,认为职业教育与培训是保证企业竞争力的重要手段。法律规定企业必须拿出大约工资总额的5%(这个数据每年都有一定的变化)用于培训,否则会受到严厉的处罚。整个培训的过程,行业根据企业提出的专门培训要求,向高职院校拨款开展培训。

一般来说,澳大利亚企业界每年用于各种形式的培训费约为25亿澳元。一些特殊行业要向TAFE学院注入资金,以培养专职人员,如国防部门、能源部门等。还有一些行业通过奖学金形式向学生提供经费。如新南威尔士州2000年在网上公布了21种奖学金(勤工俭学)项目。企业还投资帮助TAFE学院建设实训基地,或以接受学生实习等方式参与学院的实践教学。企业为培训出掌握先进技术的新员工,乐意将最先进的生产设备提供给TAFE学院使用,并负责随时更新。如昆士兰州北点TAFE学院的机械工程实习车间面临设备老化、实训困难等问题,一些企业了解到这种情况后,就不断地将该行业的最新设备投入到该学院的实训基地中,以支持其硬件建设。此外,澳大利亚企业还帮助建立起全国范围内的模拟实训公司网络,供所有TAFE学院实习使用,实行资源共享。

(3)其他形式的创收

其创收的主要途径有:提供短期培训和咨询服务、开办合营企业、出售教育技术与教材、参与国际项目和申请研究经费等。TAFE学院的创收活动通常与学生的实习工作相结合,主要目的并不是赢利,而是为了弥补经费不足的问题。

四　澳大利亚职业教育的经费投入保障机制

澳大利亚职业教育经费筹措保障体制是一个运用"国家调控"机制对职业教育经费投入进行控制的经典范例。在这种新的机制中,政府运用法律手段,规范社会各方筹措职业教育经费的职责;利用改革这一内在发展动力,建立学费收缴制度以扩大财源;充分挖掘TAFE学院的潜力,发挥TAFE学院的创收功能,使澳大利亚职业教育经费筹措有了体制上的保障。

(1)法律体系完善

运用法律、政策等相关规定来明确有关各方在发展职业教育中的职责,是保障职业教育发展经费的一种强有力手段。澳大利亚颁布了一系列的职业教育有关法律法规。其中,澳大利亚联邦颁布的有关职业教育经费方面的法律有1988年颁布的《拨款(学校资助)法》、1989年颁布的《拨款(技术与继续教育资助)法》、1992年颁布的《职业教育与培训资助法》等;澳大利亚各州颁布的涉及职业教育经费的法规有南澳州于1975年颁布的《技术与继续教育法》、塔斯马尼亚州于1985年颁布的《工商业培训法》、首都地区于1989年颁布的《职业培训法》、新南威尔士州于1989年颁布的《工商业培训法》、维多利亚州于1900年颁布的《职业教育与培训法》和新南威尔士州颁布的《职业教育与培训鉴定法》、昆士兰州于1991年颁布的《职业教育、培训与就业法》和北方地区颁布的《就业与培训法》等。

(2)政策的保证

①制定政策,激励企业为高等职业教育投入经费。为了激发企业积极参与职业教育,确立企业在职业教育中的地位、职责和权限,加强管理,澳大利亚政府于1990年7月开始实施《培训保障法》。该法规定:年收入在22.6万澳元以上的雇主应将工资预算的1.5%用于对其员工进行资格培训。在各财政年度里,凡是这项费用未达到最低要求的雇主,必须依法向国家培训保障机构缴付其差额。据澳大利亚有关方面的抽样调查,1990—1991年度,大约97%的雇主执行了这一规定。这些雇主用于职业培训的开支约为36亿澳元,约占其年度雇员工资总额的2.6%。最近的《培训保障法(修正案)》规定,免除在执行该法中表现突出者的费用,条件是他们能够证明自己在职业资格培训上的开支达到其年度雇员工资总额的5%或更多。

澳大利亚政府用法律的手段来促进企业对高等职业教育经费的投入。澳大利亚《培训保障法》规定:职业学校教师在企业接受培训的相关费用由企业承担。此外,高职院校的特别课程费用主要由用人公司提供,或从世界银行、联合国等组织得到。

②积极创新是收费制度改革的保证。1974年,澳大利亚联邦政府实施了两项慷慨的资助政策:一是取消学费,即所有学生均可享受"免费高等教育";二是将原先竞争性的"联邦政府奖学金"改为非竞争性的助学金。这两项政策虽然很好地体现了澳大利亚高福利性质国家的特征,但政府承担着高校费用的巨大财政压力。

高等教育具有文化发展与传播,为社会培养各类人才等功能,所以政府应该为高等教育的发展承担主要的经济责任。企业界获得适应经济发展需要、能创造更大价值的人才，也应比以往更多地为高等教育发展提供资金、设备、研究和教学条件，为毕业生提供与他们劳动价值吻合的工资，家长肩负着为社会养育后代的义务，在可能的条件下应该承担一定的高等教育费用。学生作为高等教育的直接享受者和主要获益者也必须承担高等教育的一部分成本。高等教育的成本分担要求收费政策和资助政策都必须以成本分担、利益共享的原则来制定。依据这一思路，澳大利亚国立大学的 Bruce Chapman 教授提出了高校收费体制的基本模式：高校学生交费上学（全日制大学生每年学费 4150 澳元，四年内总学费为 16000 澳元，一次交清者，可享受 25% 的优惠），这一改革为政府筹得可观的财政收入。1989 年，因实施收费改革，政府就筹得 1 亿澳元的财政收入。据《泰晤士报·高教副刊》报道，1993 年学生支付的学费达 28 亿澳元。

③积极推进高等职业教育国际化政策。20 世纪 90 年代以来，澳大利亚政府积极推进高等职业教育国际化。澳大利亚公立高职院校 97% 的资金由政府拨给，3% 的资金由学校自筹。高职院校的资金除了主要由政府拨给，还包括学费、管理费、为企业开展各类服务的收入等。向学生收取的学费，一般占院校日常经费的 4%，澳大利亚政府鼓励高职院校通过招收海外学生而获得营利的行为。海外学生每人每年学费为 8000 ~ 10000 澳元，营利部分不需要纳税。同时，大部分学生需付管理费。

努力拓展国际职业教育市场，招收海外学生来澳求学，筹措高等职业教育经费。澳大利亚 TAFE 学院和内设有 TAFE 学院的大学采取各种方式扩大其对国际高等职业教育市场的供给，即开展国际合作办学、招收海外学生、进行国际事务培训、举办国际教育会议、设置国际性课程和发展国际远程职业教育等。正是由于澳大利亚大力推进高等职业教育国际化政策，把留学生教育当作产业来经营，其招收海外学生工作成绩显著。高等职业教育国际化政策的实施，为澳大利亚职业教育的发展提供了强有力的经费支持。

第三节 加拿大职业教育体制机制研究

加拿大是西方七大工业化国家之一，制造业和高科技产业十分发达，这都得益于加拿大以严谨著称于世的教育，加拿大教育融英国教育的一丝不苟与美国教育的灵活于一体，其先进的教育机制和教育水准以及完善的教学设施堪称世界一流。以社区学院为特色的高等职业教育是加拿大高等教育的一大亮点，形成了以就业为导向、学生为中心、能力为本位、工学交替为特色的职业教育体系。在办学形式上，采取学历和技能教育相结合。学校和企业双向介入，为社会输送了大量的高技能劳动者和技术应用型人才。

一 加拿大职业教育体制简介

1. 加拿大教育体系

加拿大拥有世界上一流的大学、中学、小学教育。全国推行 12 年免费义务教育，公民或永久居民及其子女从小学到中学全部免费教育。高等教育普及率达 45%，位居世界前列。

基础教育实行12年义务教育,包括小学教育8年,相当于我国的小学加初中;中学教育4年,相当于我国的普通高中。中学学生毕业后开始分流,一部分人进入偏重理论学习的普通综合大学(全国有70多所);另一部分人进入社区学院,相当于我们的高等职业技术学院,教学内容侧重于应用,服务方向主要是学院所在社区(全国有250多所);还有一部分人,则到私立职业学校进行短期、有针对性的、为直接就业做准备的某种技能学习。

多数普通综合大学与社区学院实行完全学分制,并且部分课程的学分是互通、互认的。社区学院只发行业资格证书或文凭,不颁发学士学位,但可以选择一些以后可转读普通综合大学深造的课程,学习时间1—2年,程度相当于普通综合大学的一、二年级,学完后转入普通综合大学的二、三年级,继续攻读学士课程。

由于社区学院的毕业生在就业上比普通综合大学的毕业生有优势,并且高级技师的薪水远高于普通综合大学毕业的白领,因此,不少普通综合大学的毕业生反过来再回到社区学院学应用课程,取得行业资格证书。例如:安大略省的阿岗昆应用文理学院的在校生中,有40%的学生属于这种情况。

总的来说,加拿大的教育体系非常完善,高等教育普通综合大学与社区学院并重,职业教育以专科层次的社区学院为主体,普通教育与职业教育布局合理、相通相容,整个教育体系是一个以人为本、经济有效、非常讲究实惠的教育体系。

2. 加拿大职业教育体系

加拿大职业教育在20世纪60年代得到快速发展,形成了以职业中学、职业学校为主的中学阶段和以社区学院、大学学院、职业学院为主的高中后阶段的教育格局。

(1)中等职业教育

加拿大没有独立的中职教育,中职教育是放在中学阶段进行的。学生进入中学后,学校实行学分制,学校规定了必修课和选修课的学分。并不是每一个学生都能够或者都愿意升入大学,因此在选修课中,融入技术、技能教育的内容,把这一部分学生培养成为具有一定职业技能的人。

(2)高等职业教育

随着加拿大社会经济的发展,企业对技术应用型人才的需求,使得高等职业教育成为加拿大高等教育中重要的组成部分,按高等教育类别分类,加拿大的高等教育体系可分为以下三类:

大学学院即开设学术研究类的大学学位课程,也开设侧重实际应用的学院证书课程,所以大学学院的证书包括4年制学士学位证书及2年(或3年)的大专证书;社区学院重培养应用型专业技术人才,它们颁发的一般是专业培训证书(1年制)和专科证书(2年或3年制),但不颁发学位证书;职业学院提供短期、针对性岗位培训帮助学生就业。

加拿大私立职业教育学校是加拿大高等教育不可分割的部分,与社区学院相比,私立职业技术学校侧重基本职业技能、初入行培训或初级岗位培训,开设的课程多种多样,但主要针对社会对人才市场的需求,如信息技术、机械技术、护理保健、时装设计、美容等行业。私立教育机构的办学宗旨是通过尽可能短的时间,使学员胜任某一特定领域的技能。

加拿大的高等职业教育开始于20世纪50年代,当时为了适应高速发展的经济,缓解各类专门人才极为短缺的状况,设立了一批社区学院,并建立了学院制度。目前,加拿大社区学院占全国高等教育机构的2/3以上,是加拿大经济发展的有力支柱。25~40岁的加拿大工作人员中有70%接受过社区学院的教育。发展到今天的加拿大社区学院教育体系,独立而巨大,已经成为高等教育的重要组成部分。

3.加拿大"社区学院"职业教育模式

在加拿大,社区是个不十分明确的地域观念。小到一个街区,大到整个省、地区,都可被称为社区。加拿大的社区学院(Community College)是指省属的高等职业学校,它包括公私立的社区学院、技术学院、农业学院、艺术学院等等。在培养目标上,以职业技术教育为目的,以就业培训为中心。在办学层次上相当于我国的高等职业技术学院。在专业设置、学制等办学形式上十分灵活。它与普通大学相并列,成为高中后接受高等教育的重要渠道。

社区学院兴起于20世纪60年代中期至70年代中期。加拿大为适应当时经济高速发展而急需各类专门人才的新形势,满足广大群众对中学后教育的迫切需求,在全国各地陆续建立起了一批低于大学、高于高中水平的社区学院。由于学费低、录取标准低、就近走读等优势,加拿大社区学院教育目前已发展成一个相当庞大而又相对独立的中学后教育体系,是普通大学的重要补充和替代。其主要办学特色如下:

(1)鲜明的地方特色

加拿大社区学院都具有鲜明的地方特色,不同省份的社区学院有不同的课程设置、办学方向和培养目标。实际上,社区学院就是为适应本省经济、社区发展的需要而设立的,因此其办学方向就是为所在社区服务。原因是:一是社区学院的办学方向和工作重点是由社区的纳税人决定的;二是学院的方针政策是由学院董事会的地方代表决定的;三是社区学院的发展必须与当地的商业、工业保持同步。在加拿大,社区学院不仅是社区的教育培训中心,也是社区市民的文化、艺术中心,因为在许多情况下,社区学院的使用者主要是社区民众。

(2)灵活的办学形式

主要表现在:一是学制类型多样,加拿大的职业教育遵循的基本原则是培养实用性和适用性人才,专业不同学制也就不同,既有三年的、二年的、一年的,也有几个月的,形式多样。学业的完成,实行学分制,一个学生可以一次性连续性完成学业,也可以多次性间断性完成学业。此外加拿大职业教育的专业是可以转换的,而且转专业学分可以互认,这就给学生的学习提供了很大的选择空间。二是教学活动安排灵活,加拿大社区学院通常从上午7:30开门到晚上10:30关门,每天运行十几个小时,一年四季教学不停,最大限度地发挥了教学资源利用效率,适应了各类课程安排,满足了全日制、兼职学生以及短期培训人员的需要。三是上门培训,社区学院除了在学校开设短训班外,还按照签订协议的要求到企业去办班。

(3)有效的教学模式

加拿大职业教育推崇"能力本位"的教育理念,强调以社会实际需要的职业能力为培养目标,紧贴市场按市场需求设置专业和培养人才,课堂实施也始终贯穿"能力本位"这根红线,这从根本上保证了学生进得来、学得进、出得去。

加拿大的职业教育普遍实行CBE(Competen-cy-Based Education)教学模式,即以能力为基础的教育教学模式,这种模式的基本特征表现为:突出能力的基础性、突出学生的自主性、突出教学的灵活性,CBE模式的本质是一种以职业综合能力为基础、胜任岗位要求为基点的教学体系，注重方法、过程以及反馈，学生学习成效快。与此相适配的 CBE 课程开发称为 DACUM(Develop a Cur-riculum)，主要是根据市场需求和区域经济发展需要而形成的一个严密科学的分析过程，包括职业分析、工作分析、专项能力分析、教学分析、就业机会分析、成本分析等等。

(4)有效的实践教学

加拿大社区学院非常注重学生的动手能力和社会适应能力，实践性教学内容在整个课程体系中占到 70%。校内的实践性环节基本上都是在理实一体化的教室进行授课，教师由具有实践经验的专兼职教师担任，学生可边学边做。校外的实践课程主要采用 CO-OP(Co-operative Education)的形式，也被称为“带薪实习”。这是一种在社区学院学习和在企业实践交替进行的学习方式。这种带薪实习方式：一是能有效提升学生的职业技能，二是符合“学—做—学—做”循环反复的学习规律，三是有利于学生实现高质量就业。

二　加拿大职业教育管理的体制机制

加拿大是联邦制国家，共划分为 10 个省和 3 个地区，实行联邦、省和市(学区)三级政府制度。加拿大职业教育管理体制呈现出一种圆锥体或金字塔形的治理结构。总体上看，联邦政府层面对职业教育的管理较少，主要通过财政支持促进职业教育发展；省级层面的管理部门负责大量职业教育的管理工作，对职业教育的统筹发展提供提纲挈领的指导；学区层面的教育管理部门负责的工作则更为细化，不仅在省政府与学校间起到上传下达作用，而且对学区内职业教育的各方面事务都要进行管理监督；职业学校内部的管理模式不一，大部分院校的学院董事会和理事会对学校的正常运行提供决策与服务。

1. 政府有为的调控领导

(1)联邦政府层面

加拿大在联邦一级不设教育部，联邦政府不对职业教育内部事务进行直接管理，只依据国会通过的各种立法及财政拨款对职业教育施以间接支持和引导。这种支持和引导主要由一个政府组织——联邦人力资源与培训部和一个政府间组织——加拿大教育部长理事会执行。一般情况下，政府拨款至联邦人力资源与培训部，由该部每年设立灵活多样的职业技能培训项目，面对社会人士和职业学校开放，实现对职业教育的服务与管理。联邦政府对职业学校其余部分的拨款是将资金划拨各省，由各省政府根据实际情况拨款给各职业学校。加拿大教育部长理事会是一个政府间组织，从对外的国际交流和对内的职业资格鉴定、学校学生技能评估、学校办学质量评估等方面推动本国职业教育的发展。

(2)省级政府层面

《不列颠北美法案》赋予加拿大各省和地区教育立法权与管理权。加拿大现有的 12 个教育体系和管理制度分别产生于 10 个省以及 2 个地区。各省对职业教育的管理体制不尽相同，但省政府对职业教育的立法和管理却也有相同之处。

加拿大各省和地区均设立教育部，负责为全省各类教育发展服务。一般情况下，教育部由一位负责立法机构的内阁成员担任教育部长，副部长或负责人管理省级教育系统内包括职业教育在内的具体事务。以经济发达、职教水平先进、管理体制完善的安大略省为例，安大略省教育部下设多个部门负责职业教育的管理。其中,教育质量与评价办公室受省政府管理和教育部监督,负责为教育部提供职业教育质量参考标准和评估意见;财务管理处负责核定各级职业学校教育成本、掌管职业教育经费;学习与课务处负责规划职业学校课程、审核教材、管理组织考试;教学及领导力发展处负责制定教育政策、培训教师、认证教师资格等事务;合作管理服务处负责为职业学校提供省内乃至全国的人力资源情况,促进校企合作,并提供职业学校发展过程中出现各种问题的法律援助。

加拿大职业教育质量与劳动力市场发展关系紧密,为保证省内经济的平稳发展,各省除设置教育部外,大部分省还设有专门的职业教育管理机构负责本省职业教育与就业培训的管理。这些专门的职业教育与培训管理机构直接隶属于省政府,与省教育部同属省政府管辖,具体称谓上各省不尽相同,但在管理体制上却多有相同之处。安大略省设立专门管理职业教育大专院校及培训部,含有五个分支机构,就业和培训处负责为有意愿接受职业培训的人(主要是职业学校的学生)提供多样化的就业培训项目,增强学生的职业能力和社会竞争力;战略政策和培训处负责与立法机构合作,制定与职业教育有关的法律及出台相应的政策,以保障职业教育的长远发展;高中后教育处负责针对高等教育阶段的职业学院,对其授予学位的权限进行审批,掌管私立学校注册的权力,对高等职业学院的专业、教材、课程等的设置拥有监督建议权,并且负责将省级立法机关划拨的资金分配到各高校;企业管理服务处负责为校企合作提供政策、项目支持和服务,促进校企合作中相关问题的解决;此外,在使用法语及原住民聚集的省份,还设有法语、原住民学习研究处专门负责法语区和原住民的职业教育。

(3)学区层面

在加拿大省以下级别的教育按学区进行管理,各学区设立教育局(或称"教育董事会"或"地方教育委员会")。教育局对职业教育的管理包括雇佣老师、维护建筑、分配来自省级拨款和市政税收的教育投入等。例如,作为主管学区教育的地方教育部门,多伦多教育局下设27个委员会,负责该学区教育管理日常事务,其中,管理职业教育的部门主要有7个,分别是:行政、财务和问责委员会、计划和学校服务委员会、人力资源和专业学习委员会、运营和设施管理委员会、审核委员会、社区使用的学校咨询委员会、多伦多学生成功基金会。它们具体负责管理辖区内职业教育的财政、学校发展规划、人才配置、设备使用、教材及课程设置审核、质量资格审核、学生奖助学金等多方面内容。

2. 职业院校内部管理体制

加拿大各职业院校都享有较大的自主权和主动权,社区学院普遍实行董事会下的院长负责制,董事会成员包括政府官员、社会名流、教育界和企业界人士、教师和学生代表等。董事会的主要任务是筹集资金、聘任院长、监督办学、加强学院与社区联系等。院长负责学院的办学,并定期向董事会报告,学院内部的管理和运作由院长任命的执行委员会具体负责。这种机制一方面能有效促进学校与社会的联系,另一方面能对学校的管理层进行有效的监督。

3. 社会多方参与职业教育

联邦政府主要是通过间接手段,如出台政策、法律规定、资金资助和营造环境等,引导和支持与高等教育和职业教育发展密切相关的社会多方参与高等教育和职业教育的发展。加拿大联邦政府出台的企业社会责任政策,要求企业明确社会责任,即明确企业社会责任的涵义,以及企业必须履行社会责任的原因及其重要意义;要求实施企业社会责任,企业社会责任的实施由计划、执行、检查和改进四个环节构成;明确企业参与职业教育与培训的社会责任,并督促企业积极履行,自然成为加拿大联邦政府企业社会责任政策的题中之意。为此,加拿大联邦政府及其相关主管部门编制发布了《加拿大企业社会责任实施指南》,要求全国各地的企业认真履行包括参与职业教育与培训在内的社会责任。加拿大联邦政府及其行政主管部门——人力资源与培训部设立了诸如“青年就业项目”“学徒培训项目”“网上在线学习项目”等一系列丰富多样、形式灵活的职业教育与培训项目,引导公民积极参加,鼓励社会企业、用人单位积极提供帮助。另外,为了引导社会企业、用人单位和社会各界积极捐助和投资高等教育和职业教育,鼓励社会企业、用人单位招收实习学生,促进社会企业、用人单位雇佣缺少或缺乏实际工作经验的高等教育和职业教育毕业生,加拿大政府出台税收优惠政策,对积极参与高等教育和职业教育的社会企业、用人单位较大幅度地减税甚至免税。减税、免税的举措,实际上就是政府向社会企业、用人单位提供财政资助,以减轻社会企业、用人单位的经济负担。为了激发高等教育和职业教育办学机构的募捐热情,加拿大政府设置专项配套资金,等额配套主动募捐成功的高等教育和职业教育办学机构。

三 加拿大职业教育的经费投入体制机制

加拿大职业教育的办学经费来源多元化,主要有三个渠道:政府拨款、行业企业资助以及学生所交学费,其中主要是省级政府拨款。以 2011 年为例,加拿大职业教育经费结构中占最大比例的是省级政府补助,为 65.19%,联邦政府补助仅为 1.4%,这和加拿大联邦制国家体制息息相关;学杂费收入占 20.61%,但是由于加拿大对本国居民的优惠政策,本地居民的学费远远低于国际学生;社会及工商业界联合办学、捐款等其他收入为 12.8%。

1. 政府的公共投资体制机制

加拿大人均教育资金排名全球第一,1999—2000 年,全国直接用于教育的经费约676.97 亿加元,占国内生产总值约 6.6%。2016 年的教育经费投入达到国内生产总值的 7.1%,超过所有的发达国家。

加拿大各省职业教育财政性拨款(含联邦政府、各省市政府补助)比例各有不同,在 2009—2011 年期间,社区学院财政性教育拨款最多的是魁北克省和安大略省,最少的是爱德华王子岛省和努纳武特省。根据加拿大统计局 2012 年人口普查数据显示:加拿大人口最多的省份是安大略省,人口总数为 1350.59 万人;人口最少的省份是努纳武特省,人口为 3.37 万人。因为努纳武特省环绕北极和东部地区,而且常住人口中 85% 是因纽特人,教育经费总量投入远低于其他各省,2011 年努纳武特省的联邦政府和省市补助经费增长速度超越了魁北克省,达到了 4.26%,而爱德华王子岛省的联邦政府和省市补助经费增长速度也超过了安大略省,到达了 14.06%,说明加拿大政府已逐步改变这种职业教育经费投入不均衡的局面。

2. 多元化筹资渠道

(1)行业企业投入

在加拿大,行业、企业作为职业教育经费的筹措主体,主要采取向社区学院提供技术捐助的方式来筹措职业教育经费。

例如,加拿大汽车维修行业协会提供的技术捐助达600多万加元,技术捐助的对象是社区学院,丰田、福特、通用等公司为不列颠哥伦比亚理工学院的汽车学院提供实习实训用的汽车;北阿尔伯塔理工学院大部分的教学大楼和实验室都由世界知名企业捐建并以企业命名,其中HP信息和通信科技中心是加拿大西部首屈一指的IT培训基地,Hokanson烹调艺术中心是世界级厨师培训中心。由于企业向学校投入大量的资金,学校的教学、实训、实验设施等硬件设备都是比较先进和完善的。

据有关方面的统计,加拿大社会及工商企业向社区学院捐助约占社区学院办学经费总额的15%~40%。2006年,加拿大乔治布朗学院的办学经费总额为1.79亿加元,其中社会及企业的捐助约占办学经费总额的20%,为0.36亿加元;学生缴纳的学费约占办学经费总额的36%,为0.64亿加元;政府划拨的经费约占办学经费总额的44%,为0.79亿加元。

(2)学费收入

加拿大统计局(Statistics Canada)公布的大学收入来源比例,平均而言,22%来自学费和学生缴纳的其他费用。表6-2为2008—2009年加拿大各省大学收入中学生学费所占比例的排名。

2008—2009年加拿大各省大学收入中学生学费所占比例的排名 表6-2

排名	省份	学费所占比例	排名	省份	学费所占比例
1	新斯科舍省	31%	6	马尼托巴省	17%
2	安大略省	30%	7	阿尔伯塔省	15%
3	纽不伦斯威克省	28%	8	萨省	14%
4	英属哥伦比亚省	25%	9	魁北克省	13%
5	爱德华王子岛省	18%	10	纽芬兰省	12%

四 加拿大职业教育的经费投入保障机制

加拿大是个福利国家,他的教育投资主要依靠政府。政府投资办校约占百分之八十,其他为私立学校。加拿大宪法规定教育由各省自己管理,联邦政府不设教育部,各省实施自己的教育计划。加拿大地广人稀,教育普及程度和发展水平都很高。

1.法律的完善性

《英联邦北美法案》第九十三条规定:每个省根据当地的实际需求负责制定相关的政策法规,从而分配并管理联邦及省政府的资金。加拿大现有的12个教育体系和管理制度分别产生于10个省以及西北地区和育空地区。

2.立法的针对性和灵活性

加拿大教育的经费保障机制最能体现其法律的针对性以及灵活性,加拿大教育的经费来源主要是政府投入、企业赞助、学生学费及社会捐赠等多种渠道。在《技术和职业训练援助法》中规定:联邦政府在10年内提供8亿加元用于职业教育,联邦政府的资助约占75%,而各省则占25%。社会及企业对学院的捐助约占学院办学经费总额的15%~40%。企业也可以通过捐赠、租借等方式允许社区学院的学员到企业使用设备以缓解教学中因实际需求不足而带来的压力,这不仅缓解了社区学院设备老化的问题也解决了经费不足的问题。联邦政府引导社会各界投资职业教育的方式主要以税收优惠的方式为主。接受社会捐资的社区学院,联邦政府将同等数额的配套资金来资助其发展,从而提高其自主筹集办学经费的积极性,另外也会通过给予用人单位一定的资金补助,以鼓励其招收在校的学生作为实习生,同时也会通过给予符合条件的行业、企业以减税或免税的优惠政策来促使他们雇佣毕业生等等。这些政策的规定既具体又灵活,为提高教学质量提供了良好的保障。

3. 严格实行职业资格制度

严格实行职业资格制度,职业教育的社会认可度较高。加拿大职业岗位分类词典中有7000多个职业岗位,每个职业岗位都提出文化程度(GED)和职业培训(SVP)两个指标。其中属于职业教育的约有1300多个职业岗位。加拿大执行就业准入制度非常严格,如果一个人没有接受职业教育的经历,没有取得相关的职业资格证书,根本找不到工作。最为典型的是,加拿大13岁以下的儿童不能在家独处,必须由保姆照看。保姆也必须持执照工作,即使是爷爷、奶奶看孙子、孙女,姥姥、姥爷看外孙、外孙女,也必须持有相应的执业资格,否则就是违法的,就要遭到处罚。因此,职业教育在加拿大很受重视,地位比较高,比较稳固,丝毫不存在受鄙视的情况。

第四节　新加坡职业教育体制机制研究

新加坡作为亚洲地区重要的现代化国家,职业教育有着鲜明的办学特色。“教学工厂”的高职院校教学模式是新加坡南洋理工学院在教学过程中吸收德国“双元制”教学模式基础上的创新。是将现代工厂的经营、管理理念引入学校,为学习者提供与企业相似的培训环境和经验学习环境,把教学和工厂紧密结合,把学校按工厂模式办,使学生得以在一个近乎真实的环境中学习必需的各种知识和能力。它能使学校成为企业的科研开发中心,企业可成为学校的生产实习基地。这种方式能确保有关课程与企业的要求挂钩,能鼓励及开发学生的群体协作精神与实际应用能力。这种教学模式被新加坡各职业学院广泛采用,几十年来为新加坡经济发展培养了大量具有多元技能的人才,推动了新加坡经济建设的发展。

一　新加坡职业教育体制简介

1. 新加坡的教育体系

所有新加坡学生都会接受至少10年的通识教育,这就包括了6年的强制性小学教育,以及4~5年的中学教育。

根据他们的小学离校会考成绩,学生们在升中学时,选修不同的课程。会被分流到特选课程、快捷课程,还有普通学术或工艺班。其中,修读特选和快捷课程的学生可以在4年之后参加全国统一的新加坡剑桥“O”水准考试,成绩将决定学生升高中、初级学院和理工学院。修读普通课程的学生则会被分流到学术课程或工艺课程，两者皆是5年课程。学术班的学生在中四必须参加“N”水准考试，通过后才能升上中五参加剑桥“O”水准考试。工艺班的学生第四年必须参加剑桥“N”水准考试，大多数学生在“N”水准考试后不再修读第五年课程，而直接进入技术学院。

工艺教育学院是为中学毕业生提供继续深造的专业学院，目标是使毕业生在相关的工作领域掌握一定的技术知识和技能。此外，学生也可以选择报读专校，这些专校能够为在一些特定领域，如体育、科学或艺术方面拥有天赋的学生，提供一个较个性化和以实践为基础的课程。

另外，学生们也可以选择报读私人学校或特别教育学校，来完成他们的小学教育。那些考取“O”水准会考文凭的学生，可以申请进入初级学院以完成两年的大学选修课程，或申请进入高级中学以完成三年的大学选修课程。在选修课程结核后，初级学院或高级中学的学生将参加参加新加坡剑桥普通教育证书（高级水准）会考（简称GCE“A”Level）或国际文凭会考，以评定他们进入大学的资格。中学毕业生也可以考虑报读其中一所理工学院。这些学院拥有大量的专业课程，为学生提供丰富的专业知识和实践经验，以培养出中级水平的专业人才。在理工学院表现优越的学生，在毕业之后还可以考取本地大学。

2. 新加坡的职业教育体系

新加坡的职业教育经过40多年的改革和发展，已逐步形成了适应现代化经济发展的，面向工商企业需要的，渐次递进的与各类教育相互沟通的教育体系。

（1）初等职业教育

担任新加坡初等职业教育任务的是工艺学院。新加坡共有10所工艺学院，开设工程、工艺、商科和服务业等方面的课程。这类学校通过与国际企业伙伴的合作，丰富学生的工艺与专业知识，并提供各种类型在岗人员技能培训和课程进修，为在岗的员工举办技能水平鉴定考试。它的性质为半官方机构，由政府雇主代表和工会代表联合组成。工艺学院的使命是通过良好的职业教育和训练使国民的潜能得到充分发挥，从而增强劳动者的素质。工艺教育学院类似我国的技校和中专，学制2—3年，毕业后颁发技能证书，优秀学生可进入理工学院三年级就读。

（2）中等职业教育

新加坡的中等职业教育主要由理工学院和经济发展局下设的各类技术学院负责。这些学院是向学生提供基础广泛、带有实践倾向的大学专科院校。理工学院提供的是基础扎实的、理论与实践相结合的训练。他们还为在职人员提供进修提高机会，以满足多方面的学习需求。所以理工学院提供全日制和部分时间制的课程设置，并且课程设置与工业界的需求密切挂钩，促进学院与工业界的联系。

新加坡共有5所理工学院，所开设的课程都专注于学生的兴趣与其在各个学习领域的发展。重点课程是与企业密切磋商设计后开设的，以保证符合市场的需求。在学生学习的同时，积极发挥学生的智能进行科研开发，任课教师全都有科研项目在身。并且学院还同时承担在职员工的进修工作。理工学院学制3年，学生毕业后颁发文凭，毕业生中5%～10%的优秀生可升入大学二年级学习。

（3）高等职业教育

承担新加坡高等职业教育的主要是大学。新加坡共有3所公立大学，课程以商业、工程管理、医药、实用科学及生物化学等为主。大学生已不满足于书本知识,而是希望更好地发挥自己的才能,为新加坡的经济做出更大贡献。南洋理工大学是一所综合性大学,其最富职业特点的就是下属的国立教育学院,负责对教师的职业训练。他们为有教龄的学员提供一种实践课程,让他们向有经验的教师学习教学策略,以帮助他们更好地完成教师角色。除了职前培训,还提供多样化的在职培训,作为职前培训的补充。

(4)广泛的职工业余技术教育系统

新加坡为提高在职职工的素质和技能,更好地适应现代科技和经济发展需要而设立了广泛的职工业余技术教育系统。这类培训主要由企业自行组织,各类全日制学院承担相应的培训任务。新加坡采取的是普职合流的一体化教育结构。

新加坡的小学和中学采用英国剑桥考试模式,毕业文凭由英国剑桥考试委员会统一颁发,世界各国承认。工艺学院和理工学院属于职业教育范畴。职业学校由政府出资办学。工艺学院提供雇佣前的训练,学制二年或三年,有全日制课程和学徒方案,可获国家工教院或高级国家工教院、特级国家工教院证书。毕业生既可就业,也可升入理工学院继续学习。工艺学院也为成人学员提供部分时间制训练。理工学院学制三年。毕业生既可就业,也可升入理工大学继续学习,或转到国外学习,有此课程的学分可获认可。理工学院的文凭广受国际承认。

"教学工厂"是新加坡职业教育的一种典型模式,它是在现有的教育系统(包括理论课、讨论课、实验课及项目安排)的基础上建立起来的。"教学工厂"模式是将职业教育与企业有机地融为一体,表现为校企双方围绕着具体的、实际的生产项目紧密地结合在一起,这是一种深层次的产学结合模式。学校将教学的基点牢牢植根在工学结合的"土壤"中,逐步打造成了"校企一体化"的"分阶段多循环"工学结合人才培养模式。

3.新加坡"教学工厂"职教模式

"教学工厂"是原新加坡南洋理工学院林靖东院长为了使职业院校毕业生能够尽快适应实际工作岗位的需求,借鉴德国"双元制"而推出的新的教学模式。"教学工厂"将现代企业的经营、管理理念引入学校,为学习者提供与企业相似的培训环境和经验学习环境,把教学和企业紧密结合,将先进的教学设备、真实的企业环境引入学校并与学校教学有效融合,形成学校、实训中心、企业三位一体,是一种综合性、创新性的教学模式。新加坡"教学工厂"职教模式是世界职业教育领域最为成功的模式之一。

(1)"教学工厂"模式的内涵和功能

①"教学工厂"是以学院为本位,而不是以企业为本位。它是在现有的教学系统基础上设立的。教学工厂不是"三明治"课程安排,也不是"双元制"课程安排,不仅仅是企业实习,也不仅仅是企业项目。

②"教学工厂"将实际的企业环境引入教学环境之中,并将两者综合在一起。"教学工厂"经历了从模拟(Simulation)到模仿(Emulation)再到融合(Integration)的过程。企业项目和研发项目(开发)是"教学工厂"不可缺少的重要组成(环节)。它使学生能将所学知识和技能应用于多元化、多层次的工作环境里。

③"教学工厂"之目的是为学生提供一个更完善和有效的学习环境和过程,鼓励和开发学生的创新能力和团队精神以及提高他们解决实际问题能力,确保有关培训课程与企业需

求挂钩、与时俱进,是学员能力开发和教职员专业培训之重要途径,促进学院和企业的紧密联系。

④“教学工厂”是卓越办学的主要手段。“教学工厂”是一个发展模式,它不具有固定模式,它会随着学院的成长和发展而与时并进。学院能力基础的强化将促进“教学工厂”模式的提升,并加深教学与企业环境相结合。

(2)“教学工厂”模式的实施效果

“教学工厂”模式实现了教学过程与企业生产过程的融合。“教学工厂”将工厂(企业)的实际环境引入校园,为学院学生提供了一个真实有效的学习环境。教学过程和生产过程有机地融合在一起,不仅让教师能更加真实地教,也能让学生更有针对性地学。师生共同参与企业实践生产过程,从中学习专业知识和技能理论联系实际,真正做到学以致用。“教学工厂”培养了学生的实践能力、创新能力和团结协作能力。“教学工厂”以真实的企业项目为平台,师生一起分析、研究和解决问题,有利于激励学生大胆的创新。项目的开发过程,既是学生实际工作能力的提升过程,也是创新能力的培养过程,更是学会团队协作、共同完成企业项目的培养过程。“教学工厂”促进了教师专业知识水平的提高和实践能力的培养。“教学工厂”要实现企业项目新品的开发和学生培养双重目标,要求教师必须与时俱进,不断提升自己的业务素质、科技水平和专项能力,因此项目的开发过程也成为教师专业知识水平和实践能力的培养过程。

二 新加坡职业教育的管理体制

新加坡是一个岛屿城市国家,基本没有农业,国土面积仅 719.1 平方公里,人口 560 余万人,华人大约占 76%。这么小的国家却能对世界经济产生一定的影响力,其最大的优势就是人力资源。新加坡非常重视教育的发展和人才的引进,新加坡的职业教育始终是国家政策的一个重要组成部分。

1. 完善的职业教育行政领导体制

新加坡《宪法》中明文规定:教育是中央政府的职责,中央政府对教育实施集中管理和监督。因而,教育部包揽一切决策和规划,社区及学校只是担负执行和操作的职能。

1960 年,新加坡为加强成人与职业技术教育,适应市场竞争的需要,成立了成人教育局,简称成教局,主要任务是加强成人和校外青年的职业训练。

1969 年,新加坡政府设立了一个部长级委员会(由教育部、劳工部和财政部部长组成),监督全国职业技术训练的配合。

1972 年又成立了生产力局,是国家法定的成人培训的管理机构,主要负责培训企业员工,国家每年拨款给该局用于培训。

1973 年成立工业训练局,负责管理职业专科学校和 26 个技能发展委员会。

1979 年工业训练局与成人教育局合并为工业与职业训练局,简称工职局,由教育部次长兼任该局局长。工职局的成立标志着新加坡的职业技术教育在组织、职能和影响上都达到了一个新的阶段。

1982 年,在实施技能训练基本教育计划(该项国家计划鼓励和协助职工获得英语和数学的基本教育）的同时，新加坡政府设立了基本教育委员会，由负责教育的政务部长领导，其成员有工职局、教育部和企业主的代表，职责是为工人制定基本教育方案。

各领导机构分工明确，各司其职，顺应了时代发展要求。

此外，全国还分设四个校区群，负责各区域的教学督导，监管学校人、财、物的运作过程。新加坡对教师职务按公务员进行管理。教育部直接管理学校和老师，教师资源的分配全国统一，基本原则：家居附近；对自主学校、自治学校和政府学校实行经费预算；委派聘用校长和教师（聘用教师可以转借给学校）；制定国家教育政策；组织安排教师培训等。

2. 行业企业全程参与

行业可通过行业指导委员会或专业指导委员会进行职业标准或专业标准的制定。行业协会能整体把握社会需求和经济、专业发展趋势，因此，在人才培养方案的制定、课程体系的构建、课程资源的设置等方面起到指导性的作用。企业通过校外实习基地的建设、校内实训基地的共建、工学结合教材与课程资源的共同开发等方式协同育人。在为学生提供实习岗位和丰富教学资源的同时，企业也可以为学校派送实习指导老师，为老师的专业实践提供空间，做到企业和学校教师的无界化。

3. 学校落实协同育人工程

学校根据行业、企业的岗位需求修订人才培养方案，选择校企合作和产教融合的具体方式，根据政府的政策开展与地区和经济发展相匹配的各种办学模式。在服务地区经济发展的同时，更要突显理论优势，配合与引领行业职业标准的制定，使专业均衡充分发展。

三　新加坡职业教育的经费投入体制机制

1. 政府的公共投资为主

新加坡把人力资源看作是经济发展的第一资源，因此非常重视教育在开发人力资源中的作用。重视教育包括高职教育的投入，财政预算成为新加坡高职院校的主要经费来源。新加坡的教育经费在政府预算中占有的比例高达 23.4%，仅次于国防预算开支，位列第二。高等教育经费占整个教育经费的 26% ~28%，50% 以上的经费用于职业教育。政府不仅在公立学校进行资金的投入，同样对私立学校也进行高投入，有些私立学校的设施比公立学校还要好。政府没有明确划分公办与私立，对各类学校都加大资金投入，以便促进职业教育的多元发展。

2. 社会投入为辅

1979 年 10 月，新加坡制定了一项政策，即通过向企业征收技能发展税建立了技能发展基金。技能发展基金其目的在于促进雇主对技术文化水平低的工人进行再培训和募集对低能技术工人的培训基金。政府规定，企业要为工资每月不满 750 新元的职工向国家缴纳相当于该职工工资 1% ~4% 的技能发展基金，由生产力局掌握此项基金。凡是在新加坡注册的公司，都有资格申请津贴，只要公司所提出的申请符合新加坡经济发展的目标，能够提高职工生产技能，就能获得技能发展基金的津贴或奖励。这项基金的建立，一方面使广大职工有可能得到提高技能水平的训练机会，以便通过技能的提高而相应地增加工资收入；另一方面,它实际上是对雇主的一种强制性征税,迫使雇主重视对技能低的职工的培训,以适应经济结构调整的要求。独特的募集办法有效地推动了职业教育的发展。据统计,自技能发展基金设立以来,已通过推行奖励训练津贴计划,拨出了7.31亿新元,资助训练的职工达280万人次。

四 新加坡职业教育的经费投入保障机制

1. 加强立法,使职业资格证书、技能高低与文凭、待遇挂钩

新加坡政府通过立法强化职业技术教育,使"先培训,后就业,未经培训不得就业"成为一种制度。新加坡拥有严密的考试制度,所有技术经考核可获得相应的等级证书,有职业证书者方可就业。新加坡政府规定,国家三级技工证书、一年或者两年的职业训练证书,都相当于初中毕业证书,国家二级技工证书工人技师证书相当于高中毕业水平,国家一级技工证书相当于大学毕业水平,而且各种证书之间可以互相衔接,如职工取得了某种相当于高中毕业水平的证书就可以参加本专业大学水平的招考与学习,从而取得更高的文凭。这一途径为青年人的发展开辟了道路,正是证书互认制度使职业培训证书与正规学历证书之间建立了一定的等价关系,而新加坡又实行按学历定工资,这样就使技术等级与待遇自然形成了一一对应的关系。这种制度打破门户之见,有效地鼓励职工在职进修和深造。

2. 多种途径开展职业技术培训

(1)官方设立系统的职业技术培训机构和训练中心,通过课程考试的人员,可获得训练局发给的工业技术员证书、国家贸易证书及职称证书。训练局根据有关工业部门的特殊需要灵活安排训练内容,培训急需的人才。

(2)通过正规大学开展职业技术培训,如南洋理工学院、国立新加坡大学、新加坡理工学院等高校分别设立职业技术培训部,负责组织各种职业技能训练。

(3)借助工业发达国家的资金、技术、设备、专家培养本国尚缺乏的专业技术人才。与外国厂商或政府联合创办训练中心、科技学院,进行有针对性的训练和培训;同时引进外国人才来弥补国内技术人才的不足,加速本国人才培养。引进一个,培训一片的"借鸡下蛋"培训方式,是新加坡刺激经济发展的一贯方法。选派一定数量的人员到国外实习、进修,或接受高级培训,对出国实习、进修的人员,政府提供旅费和生活补助。

(4)举办厂内训练,实施"企业学徒计划"。有条件的工厂须执行二至四年学徒厂内训练计划,工人"边学边领薪",既学技术又学管理;倡导行业培训、社区培训和私人培训。私人企业举办培训班,生产力局为之提供训练设备和30%的补助。

3. 积极开拓国际市场

新加坡政府和社会各界普遍认为,教育,尤其是职业教育是一种产业。教育产业,可以创造可观的财政收入。新加坡应当充分利用自己在吸引海外学生,筹措职业教育经费方面的独特优势。据新加坡有关方面的不完全统计,1986年新加坡国际教育服务的产值总量为7.1亿新元,2002年新加坡国际教育服务的产值总量为33亿新元,增长了近五倍。在此期间,新加坡国际教育服务的产值以年均8%以上的速度增长。2002年在新加坡的国民生产

总值中，国际教育服务的产值总量占1.9%。另据新加坡统计局发布的《2005年经济调查简报》显示，2005年新加坡的教育部门拥有教育机构3200多所，聘用有54800多名员工。同年，新加坡教育产业规模达24亿新元，产业增加值36.8亿新元，盈余8.3亿新元。截至目前，新加坡共有300多家各类私人教育机构，留学新加坡的外国学生每年达6万多人。在新加坡的国民生产总值中，教育产业规模总量占4%左右。

第五节　国外职业教育经验带给我国职业教育的启示

本章前四节分别从职业教育构成体系、管理体制和经费投入及保障的体制机制方面分析研究了德国、澳大利亚、加拿大和新加坡3个国家的职业教育经费投入的特色。与我国相比，他们对职业教育的重视程度、完善的法律保障体制和职业教育与经济发展高度的结合都值得我们借鉴与学习。这种借鉴并不是照搬，我们应该清醒地认识到任何成功的模式，都有其适宜的土壤。我国经济发展、产业结构、行业背景与他们不同，在学习的同时，更要注重理论和实践的创新。唯有创新，才是高职教育事业不断进步的源泉。

一　正确认识职业教育

在德国，职业教育素来受到国家和人民的重视，职业教育所培养出的技工受人们尊重。精益求精是技工的工作态度，也是德国严谨、精细的文化传统的重要组成部分，与之对应，职业教育也是学生优先考虑的教育类型。

澳大利亚政府把TAPE定位于一种继续教育与终身学习方式，同时TAFE也是一项确保社会公正、社会流动和吸引更多的职业教育与培训经费投入以造福社会的有效机制。

加拿大执行就业准入制度非常严格，如果一个人没有接受职业教育的经历，没有取得相关的职业资格证书，根本找不到工作。

新加坡政府通过立法强化职业技术教育，使“先培训，后就业，未经培训不得就业”成为一种制度。这种制度使职业培训证书与正规学历证书之间建立了一定的等价关系。而新加坡又实行按学历定工资，这样技术等级与待遇就自然形成了一一对应的关系。这种制度打破门户之见，有效地鼓励职工在职进修和深造。

而在我国，职业技术教育步履艰难，虽然政府在不断提高公众对职业教育的重视程度，但受传统“学而优则仕”观念和“重学轻术”思想的影响，广大人民群众对高等职业教育有种种误解。好像高等职业教育是低人一等的杂牌军，职业教育是劣等教育的代名词。公众对于学历教育的追求直接导致了对职业教育的轻视。职业教育常常是学生无法入读本科院校的无奈选择，导致了职业生涯生源较差。反过来，较低的生源质量进一步束缚了职业教育的发展，降低了社会对职业教育的评价，形成恶性循环。职业教育的健康发展期待整个社会对职业教育的态度转变，构建有利于职教发展的社会环境。正确认识职业教育的价值，充分意识到职业教育是推动经济、社会进步的强大动力。

通过各种渠道和媒体，广泛宣传，营造出适合高等职业教育发展的社会气氛，使广大群众看到学习职业技术的实惠,提高送子女上高等职业技术院校的积极性。国家还需在政策上重视、扶持职业技术教育,并且要在法律、法规上保证高等职业教育的地位。虽然已经通过了《中华人民共和国职业教育法》和《中华人民共和国高等教育法》,但是由于高等职业教育本身具有的双重性质,有必要确定一部《高等职业教育法》,从而可以明确地规定高等职业教育的性质、任务、地位、作用、经费来源等问题,尽快完善高等职业教育的体制,提高高职教育的社会地位。

推进职业教育的机制创新以适应劳动力市场资源配置规律来发展职业教育,以完善职业资格证书制度来保证职业教育。建立有序的劳动力市场,发布完备的劳动就业政策,为高等职业教育的发展提供一个公平的社会环境。目前,健全完善劳动资格证书制度和岗位准入制度对提高人们对高等职业教育的认识和需要具有十分重要的作用,社会经济发展的需要是促进高等职业教育加速普及的主要动力。

二 建立健全政府主导的多元化筹资体制

德国的公共教育支出中,联邦政府投入占总支出的近10%;加拿大教育经费投入达到国内生产总值的7.1%;新加坡的教育经费在政府预算中占有的比例高达23.4%,仅次于国防预算开支,位列第二。

而在我国,教育经费的投入不足一直是高等职业教育发展的瓶颈。作为教育主体的国家当然也应该在教育投资中发挥主体作用,应加大政府对高等职业教育投资力度。首先,要提高公共教育经费在国民生产总值中的比例,这是一个总量的问题。按照《中国教育改革和发展纲要》中所述,国家财政性教育经费占国民生产总值的比例虽然已经达到了4%。但教育投入总体水平仍然低于同期发达国家、地区5.1%的平均值,甚至低于转型国家的平均值4.8%,因此,国家有必要加大对教育的投资力度。其次,要调整普通高等教育与高等职业教育公共教育经费的分配结构,提供公平的教育财政政策。我国一向偏爱普通高等教育,导致对其投入政策的倾斜。而高等职业教育在实习基地设置、实习设备购置和实习损耗上所需经费要比普通高等教育高得多,因此,高等职业教育经费更加短缺。

考虑到我国现实国情以及职业教育在缩小社会差距、改善社会公平方面的作用,公共财政为主的经费投入机制是必需的也是必要的。我国的行业和企业缺乏参与职业教育的文化传统,因此,提高企业参与度,通过税收优惠政策调动企业主动参与培养的积极性,同时建立跨企业的行业培训中心将是未来的一个发展方向,这也是拓展职业教育经费渠道的必然选择。国家还可通过提高资源的使用效率、教育成本分担、多渠道筹措资金等方式来解决,也可借鉴新加坡征收“技能发展基金”的做法,向企业收取一定数额的税金用于培训,同时放开眼光,吸收国外资金和贷款来发展高等职业教育,增加经费融资渠道,为高等职业教育的发展提供公平竞争的条件。适当收取学费不仅有利于保证职教经费的来源稳定,也利于提高教育资源的配置效率。此外,社会也是职业教育的受益方,鼓励非营利组织以及各类社会基金对职业教育的资助,实现职教经费的多元化。

三　加强高职教育与职业资格证书制度的衔接

职业教育是面向市场、面向产业的教育，与行业、企业建立密切联系十分必要。发达国家都意识到了这一点。德国的“双元制教育”、澳大利亚的TAFE、加拿大的社区学院、新加坡的“教学工厂”，都是行业企业积极介入的实例。

德国行业协会是职教发展的重要社会力量，其功能主要包括监管本地区提供培训的企业、审查培训的适宜性、评估实训教师的资质。行业协会可因地制宜，制定相关规则，同时，行业协会还负责职业培训的中期考核、制定合格标准。学生要想获得职业资格证书必须通过行业协会的资格鉴定。这种培训与考核相分离的考核办法和有效的行业监管制度，保证了培训的质量，使职业资格证书更具权威性。

澳大利亚成立了国家培训局，确立了行业在国家培训系统中的主导作用，通过各级政府与行业、企业合作的形式实施职业教育与培训，这促进了澳大利亚职业教育与培训系统的大发展。

加拿大联邦政府及其相关主管部门编制发布了《加拿大企业社会责任实施指南》，要求全国各地的企业认真履行包括参与职业教育与培训在内的社会责任。

“教学工厂”将现代企业的经营、管理理念引入学校，为学习者提供与企业相似的培训环境和经验学习环境，把教学和企业紧密结合，将先进的教学设备、真实的企业环境引入学校并与学校教学有效融合，形成学校、实训中心、企业三位一体。

在计划经济时代，我国曾实行过一段时期的“半工半读”“两种教育制度”的教育模式，虽然这种模式曾经取得一定的成效，但该模式是在强大的行政强制力的推动下实施的，企业只是被动参与其中。行业企业一方面享用了职业教育发展带来的大量熟练技工的好处，另一方面却视职业教育发展为政府责任。企业不愿意承担责任的做法不仅不利于职业教育的发展，从长远来看，也损害了行业企业的效益及其公共形象，会对整个市场经济的健康发展造成伤害。无疑，引导行业企业积极参与职业教育发展，加强企业与职业学校的联系十分必要。企业应从大局出发，努力承担社会责任，积极为职业教育发展出谋划策，努力实现职业教育与企业需求的顺利对接。此外，政府可通过适当引导，畅通校、企沟通，鼓励产学研合作等方式，为行业企业参与职教发展建立平台。

四　健全职业教育法制保障体系

各国在职业教育发展过程中都注重立法先行，在经济、社会发展的不同时期，及时制定、修正法律，以此顺应社会对教育提出的新要求。职业教育立法保证了职业训练有序进行，指明了职业教育的发展方向，为职业教育做出了长远规划。

发达国家职教发展史也是一部职业教育立法史。如德国的《职业教育法》《职业教育促进法》《企业基本法》《手工业条例》《青年劳动保护法》《实训教师资格条例》，澳大利亚的《拨款(学校资助)法》《拨款(技术与继续教育资助)法》《职业教育与培训资助法》，加拿大的《技术和职业训练援助法》等。这些法律的出台都伴随着职业教育的发展历程。职业教育立法不应谋求一次解决所有问题，而是应该针对上一阶段的问题以及未来的发展目标，进行下一阶段的立法，规划明确。详细的法律规定，将职业训练的目标、形式、经费确立下来，针对性极强。

反观我国，职业教育立法远远滞后于职业教育事业的发展。职业教育立法仅有 1996 年出台的《中华人民共和国职业教育法》，且缺乏配套的政策。政府缺乏对职业教育发展所需经费的长远规划，这必定不利于职业教育维持稳健地发展。鉴于此，我们认为，应根据我国经济发展现状适时对《中华人民共和国职业教育法》进行修订，制订未来 10 年到 20 年的职教规划，同时细化各法律条文，真正做到依法治教。

第七章

省外职业教育经费投入比较研究

《国家中长期教育改革和发展规划纲要(2010—2020年)》指出:“教育投入是支撑国家长远发展的基础性、战略性投资,是教育事业的物质基础,是公共财政的重要职能。要健全以政府投入为主、多渠道筹集教育经费的体制,大幅度增加教育投入。”计划提高国家财政性教育经费支出占国内生产总值比例,要求“政府切实履行发展职业教育的职责。健全多渠道投入机制,加大职业教育投入。”伴随着我国职业教育的快速发展,地方财政投入随之增加。

职业教育生均经费的增幅虽大,但考虑到通货膨胀、货币贬值、区域经济差异等因素,各省职业教育经费保障的实质性增长难以用单一指标来评断。因此,本课题需要厘清各省职业教育经费保障的真实情况,通过比较分析省域职业教育经费保障竞争力,为发展省域职业教育提供有力的决策依据。根据教育部下发的《国家中长期教育改革和发展规划纲要(2010—2020年)》要求,到2020年我国要形成现代职业教育体系,并且职业教育在中国教育体系中的重要性要更加突出。“十二五”期间,我国以科学发展为主题,以加快转变经济发展方式为主线,把经济结构战略性调整作为主攻方向,促进经济长期平稳较快发展和社会和谐稳定。而在现代产业建设上,我国也要加快发展现代农业,提高制造业核心竞争力,推动服务业大发展,建设现代产业体系。经济发展方式的转变以及产业结构的调整迫切需要加快建设现代职业教育体系,这就要求职业教育必需加快改革与发展,提升服务能力,承担起时代赋予的历史新使命,系统培养数以亿计的适应现代产业发展要求的高素质技能型人才,为现代产业体系建设提供强有力的人才支撑。转变经济发展方式的根本出发点和落脚点是保障和改善民生,而要充分落实保障和改善民生,就必须把职业教育摆在更加突出的位置,充分发挥职业教育面向人人、服务区域、促进就业、改善民生的功能和独特优势,满足社会成员多样化学习和人的全面发展需要,努力做到学历教育和非学历教育协调发展、职业教育和普通教育相互沟通、职前教育和职后教育有效衔接,为形成学习型社会奠定坚实基础。所以,推进职业教育,尤其是职业教育的发展,是适应国家加快转变经济发展方式和改善民生的迫切要求。

职业教育经费投入是指一个时期内投入职业教育领域的全部经费总额。职业教育经费投入是职业教育事业发展的物质基础,也是衡量一个国家职业教育重要性及其发展水平的基本指标。职业教育经费投入不仅关系到一个国家职业教育在教育结构中的地位和发展质量,从长远看,它对一个国家的产业发展以及整个经济社会发展都会产生深远影响。

一般而言,衡量一个国家职业教育的投入水平,至少要厘清三个关键维度,即规模、结构和发展。规模维度主要考察一定时期内职业教育经费投入的总量、占国内生产总值的比重以及生均经费水平。结构维度主要考察一定时期内职业教育经费投入的构成及经费在各领域、各地区的分配状况。发展维度主要考察一定时期内职业教育经费投入的相对水平。围绕国家经济社会的发展需要，解决好职业教育经费投入规模、结构与发展间的关系，对于促进职业教育健康发展和加快建设现代职业教育体系都具有十分重要的意义。

随着国家对教育的新一轮规划与改革，职业教育成为一个热点问题，李克强总理在国务院常务会议上指出，“发展现代职业教育不仅仅是教育问题，还是推动工业化、信息化、城镇化、农业现代化同步发展的一环。”教育经费来源包括国家财政性教育经费，民办学校中举办者投入，社会捐赠经费，事业收入及其他教育经费。其中，国家财政性教育经费包括国家财政预算内教育经费，各级政府征收用于教育的税、费，企业办学中的企业拨款，校办产业和社会服务收入用于教育的经费。

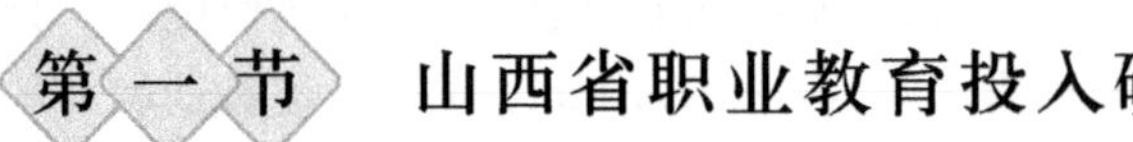

第一节 山西省职业教育投入研究

山西省就职业教育的发展提出“职业教育水平提升工程”，到2020年，职业教育办学水平和服务转型发展能力得到明显提升，建立规模、结构更加适宜的现代职业教育体系。在大力发展职业教育政策推动下，山西职业教育发展取得了一定成效。职业教育发展水平获得提升。山西省职业教育生均公共财政预算教育事业经费投入呈现上升的趋势，职普比例达到1.2:1。

在转型跨越发展路上，要实现山西省工业新型化、农业现代化都必须依靠专业技术人才的大力推动，对专业技术人才的培养就显得刻不容缓。专业人才的培养很大程度上依赖于高等院校和职业院校的发展。职业教育的大力发展对于专业人才的培养起到至关重要的用，对于实现山西省专业人才跨越发展大有裨益。实施人才驱动和创新驱动促进经济的转型发展，就必须大力发展职业教育，培养出数以万计的高素质技能型人才特别是高技能人才，而职业教育的发展又必须依赖于一定的投入。

一 山西省职业教育经费投入情况

近年来，在国家多项发展职业教育的政策指引下，山西省职业教育总体水平有一定的提高，其中对于职业教育的投入呈现逐年增长趋势。山西省职业院校生均教育经费支出和生均预算内教育经费支出总体呈现增长态势。

山西省职业教育投入占地区生产总值的比重总体呈现递增趋势，高于全国同期的平均水平。无论中等职业教育还是高等职业教育，国家财政性教育经费和事业收入仍是其主要经费来源，两项合计占到职业教育总经费的九成多。这表明，国家仍然是职业教育的投资主体。但从事业收入所占比例看，学生和家庭所承担的职业教育成本仍相对较高。其中，国家对中等职业教育的投入力度要明显大于对高等职业教育的投入，这也使得接受高等职业教育的家庭要比接受中等职业教育的家庭承担更多的教育成本。总体来看，山西省职业教育经费来源结构与全国是基本一致的。

同时，从职业教育经费来源构成变化来看，民办学校中举办者投入和社会捐赠均呈现持续下降趋势。中等和高等职业教育社会捐赠占比几乎为零。职业教育经费投入结构上的微观变化虽然不会对我国现行职业教育经费投入结构产生实质性影响,但也从一个侧面表明未来要形成职业教育多元投入体系仍然任重道远。要突出职业教育的公益性特性,就必须降低家庭分担职业教育成本的比重。而要实现这一目标,除进一步加大国家投入外,还必须吸引和利用社会资本分摊一部分职业教育成本。

二 山西省职业教育经费投入经验

1.职业教育经费投入不合理

从投入总量来看,山西省职业教育经费投入处于中等水平。从总量上看,山西省职业教育经费投入与高投入省份相比还有一定的差距,未来应根据实际逐步提高投入水平。

从职业教育的经费投入结构来看,山西省职业教育经费投入主要依靠国家财政性投入和事业性投入,高等职业院校经费投入中事业性投入占比高于中等职业院校事业性投入。这与2012年山西基本实现了中等职业教育免费政策有关。但是高等职业院校学生的学习成本也相对高于中等职业院校的学习成本。经费投入单一,不利于多元化办学机制的形成,大量的民间资本难以投入到职业教育中。

从投入相对水平来看,尽管山西省职业教育经费投入呈现快速增长趋势,然而与普通教育投入相比仍存在一定的差距。相比之下,几乎占半壁江山的职业教育的经费投入却相对不足。职业教育总体投入仅占同阶段教育总投入的二分之一。职业教育作为一种教育成本相对较高的教育类型,较少的经费投入很大程度上会影响职业教育的质量和水平。

从生均投入经费来看,地区间职业教育投入总量受经济社会发展水平、职业教育规模、职业教育地方政策等多重因素的影响。因此,考察一个地区职业教育生均经费水平,能更客观地反映出该地区职业教育的发展质量与水平。数据显示,山西省的生均经费水平与北京、上海等高水平地区相比还存在较大的差距。提升职业学校的生均经费水平,是山西省职业教育未来发展必须关注的重要问题。

从总体上看,目前山西省职业教育生均经费水平与全国平均水平大致相当。然而,发达国家的职业教育生均培养成本通常是同级普通教育的2~3倍。由此可见,与普通教育相比,山西省职业教育经费投入总量和生均经费水平都还有待进一步提高。

2.职业教育投入与产业发展不协调

山西省国民经济中产业发展与中高职教育发展的协调性差,职业教育在第二产业和第三产业分布中存在着严重的不协调。就山西省而言,省内的第二产业对经济贡献率虽然有所下滑,但依然是支撑整个山西省国民经济向前发展的主力,与之相匹配的中高等职业教育人才协调度指标平均分别仅为0.376和0.75,远远不足以跟上产业经济发展对于人才的需要。

第三产业对于山西省国民经济的贡献率虽然在不断地上升,中高等职业教育与第三产业的协调度指标均值分别为1.867和1.390。但第三产业人才的过剩,会加剧整个人才市场的不平衡,同时,人才的就业率也会降低,极大地阻碍了职业教育对经济的贡献程度。

3. 设置具有特色的职业教育专业

建立现代职业教育体系，专业课程、教学管理上就应该具有特色，表现出鲜明的办学特点。职业院校都应该根据自身所拥有的办学资源、经验与历史形成，做成区别于其他院校或培训机构的办学特色。职业院校的特色主要体现在办学理念、师资、产学研、专业、课程与教学的方面。职业院校或培训机构的专业设置，既要适应社会的需要，还要考虑现实可能性，适应职业院校本身的发展状况。在山西省转型发展过程中，职业院校不仅要充分利用自身的优势和资源，更要充分结合区域经济发展的需要，加快对新兴产业的人才培育。

4. 加大对职业教育财政性投入

从全国来看，对职业教育投入较多的省市，如广东、江苏、山东、浙江等地，不仅重视职业教育经费的投入，对于职业教育经费投入的监管力度也较大。因此，山西省不仅要加大职业教育的经费投入，也要不断地出台相关的职业教育投入和产出的关系评价体系。通过政府的财政监控和学校的自身监管，对职业教育投入过程中的人力资源投入、财力资源投入和物力资源投入起到全面细致地监管。同时，加大对职业教育体系建设中的重点领域和薄弱环节的投入，实现投入资源的合理优化配置。山西省处于经济转型发展时期，面临着能源密集型的重工业产能过剩的局面。虽然近年来职业教育财政性经费投入有所增长，就职业教育对于经济社会发展中发挥的作用而言，教育经费投入仍显不足。山西省对于职业教育的投入仍需加大，才能更好地发挥职业教育对于经济建设的促进作用。

5. 改善职业教育投入结构

在职业教育的投入结构中，财政性投入和事业性收入占到了几乎 97% 以上，其他民间资本所占的份额却微乎其微。

引导民间资本参与到职业教育中，不仅需要为这些愿意参与到职业教育中的行业企业和社会人士提供政策上的引导，也需要让其了解到职业教育的创办可以使企业获得更多的高技能人才。为民间资本提供多种形式的职业教育参与方式，股份制、混合所有制的方式，让其参与校企合作。企业不仅可以以货币的形式参与到职业教育中，还可以以实物的形式参与其中。对于学校来讲，学校可以通过融资、混合所有制等多种形式获得资金支持，还可以获得先进的仪器设备，增加学校的创新驱动力。

6. 提高职业教育与区域经济产业间的协调程度

经济发展和职业教育发展已经形成一条紧密的关系，经济发展为职业教育的发展提供物质保障，职业教育又为经济发展提供源源不断的人力资源，区域经济要获得不断发展，正需要实现这种协调。职业教育的发展要实现一种"非均衡发展"，不断与区域经济产业协调配置。职业院校在进行专业设置中，要充分考虑自身区域中的产业分布，建立符合本地区的职业教育专业和课程，而不只是去模仿其他区域。要找到其中的突破口，就是要抓住职业教育培养的人才需符合产业经济发展的需求，即实现人才资源与市场的协调配置。职业教育的产出和经济的不协调，必然会造成人才的浪费，导致经济发展受限。因此，调整职业教育的产出机制，可以实现其与区域经济产业的协调发展。

综上所述，就职业教育经费总体投入水平来看，山西省仅仅处于中等投入地区的位置；就职业教育生均经费投入水平来看，山西则处于最后一个方阵中。因此，未来还应当加大职业教育投资的力度，以加快各领域应用型人才培养的步伐，更好地为山西省经济转型发展提供技能型人才支撑。

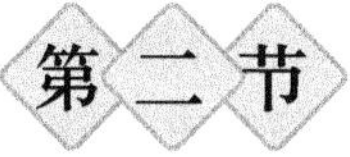 浙江省职业教育投入研究

作为中国改革开放的先行地，浙江省以“开天辟地、敢为人先”的首创精神，创造了发展的奇迹。浙江省职业教育也紧紧伴随浙江经济社会的发展，从弱到强，不断适应浙江省经济社会发展的要求，深入推进职业教育改革发展，建立现代职业教育体系，培养了一大批支撑“浙江制造”崛起的技术技能型人才。

目前，浙江省职业院校专业基本覆盖了现代制造类、服务类和农业类等所有对应的产业。浙江省目前有职业院校 365 所，其中独立设置的高职（高专）院校 48 所，各类职业学校 317 所。高职国家示范院校 6 所、国家骨干建设院校 5 所、省级示范院校 22 所，省重点建设高职院校 5 所，省优质高职建设院校 15 所，在校生 38 万人。中职国家级示范校 42 所、国家级重点职业学校 121 所，省级名校立项 50 所、省级改革发展示范学校 80 所，在校生 65 万人。近五年来，共有 200 多万名中职、高职毕业生走上工作岗位，毕业生的社会认可度不断提高，已成为推进浙江省产业转型升级、现代化“两富浙江”“两美浙江”和“两个高水平”建设的一支重要生力军。

大国尚技，在从制造大省向制造强省迈进的进程中，浙江人意识到：大批技术娴熟、手艺高超、能够掌控现代化设备的技能人才队伍，是实现浙江经济转型升级的基石。现代职业教育的深度改革正御风而起，校企合作、产教融合全面打造大国工匠，服务浙江新时代发展的战役正在浙江省各地打响。

一　浙江省职业教育经费投入情况

近年来，浙江省以“八八战略”为总纲，紧紧围绕浙江省委作出的奋力推进“两个高水平”建设的决定，按照“秉持浙江精神，干在实处、走在前列、勇立潮头”的要求，把职业教育摆在优先发展的战略地位，深入推进浙江职业教育改革发展，走出了一条具有浙江特色的职业教育内涵发展道路。

浙江省建立“生均拨款 + 专项资助 + 年终考核 + 奖补机制 + 激励机制”的经费保障机制，先后颁布了《关于完善职业教育财政政策的意见》《浙江省职业学校生均经费标准指导意见》《职业教育质量提升转移支付资金管理暂行办法》等 3 个政策性文件，有针对性地促进县（市）职业教育发展，将市县职业教育总体发展状况、年度进步率和财政性教育经费投入作为考核指标。并实施重点项目补助，强调吸引社会资本投入职业教育，加强投入效益绩效评价以提高经费使用效益，为形成地区职业教育经费稳定增长机制奠定了基础。

浙江省建立健全职业教育经费投入长效的财政保障体系及相应的制度机制，并决定在“十二五”期间，省财政安排专项补助经费年均超过 2.3 亿元，专门用于实施“中等职业教育现代化建设工程”。据测算，按同口径比，“十二五”期间省财政直接用于职业教育奖励和项

目补助的资金数量比“十一五”增长将翻一番，这必将有力地促进浙江省职业教育大发展、大提升。

1. 进一步完善财政保障制度，积极构建经费稳定增长和多渠道筹措机制

一是建立和完善中职教育公共财政保障制度。明确中职教育财政责任以市县为主，省财政对中职教育予以奖励和支持。逐步提高中职教育公共经费支持比例，特别要完善职业学校生均经费标准和财政拨款标准制度，形成中职教育经费投入稳定增长机制。

二是进一步完善中职教育经费多渠道筹措机制。加强教育费附加的征管工作，严格落实关于教育附加费的30%用于职业教育的规定。鼓励对中职教育的捐赠，实行中职教育捐赠免税、减税等税收优惠政策。统筹职工教育培训经费，一般企业按照职工工资总额2%足额提取教育培训经费，从业人员技术素质要求高、培训任务重、经济效益好的企业可按2.5%提取。

三是鼓励民办中职教育发展，积极吸引社会资本投入中职教育。落实优惠政策，鼓励并积极发展多种形式的民办教育。积极吸纳民间资本和境外资金，探索以公有制为主导、产权明晰、多种所有制并存的办学体制。

四是发挥省级财政转移支付资金激励引导作用。省财政安排中职教育质量提升转移支付资金，调动地方提升中职教育的积极性和主动性，支持重点发展项目建设，进一步发挥财政资金绩效。

2. 明确中职学校生均经费标准，积极构建中职教育长效发展机制

一是制定符合中职教育发展特点的中职学校生均经费标准。各地要逐步建立完善按照学生人数平均经费标准足额拨付中等职业教育经费的投入机制。对生均经费未达标的中职学校，教育主管部门可扣减次年该学校招生计划。

二是实行差异化的中等职业学校生均经费标准。各地在制定中等职业教育生均经费标准时，应充分体现专业、规模、质量等差异。

三是完善多渠道的中等职业学校生均经费投入机制。各地要统筹考虑中等职业学校办学成本、学费收入等情况，制定包括人员经费和公用经费在内的中等职业学校生均财政拨款标准，并随政府财力的增长逐步提高。要逐步将中职学校生均公用经费提高到普通高中的1.5倍以上。推进用人单位分担中职教育培养成本机制。充分发挥行业主管部门、行业组织和企业在发展中职教育中的重要作用，实现办学主体多元化及投资主体多元化。认真执行国家对教育的税收优惠政策，支持中职学校办好实习基地、发展校办产业和开展社会服务。

四是加强中职学校生均经费的监督和管理。制定中职教育经费投入成本与效益评价指标体系，评价结果作为专项拨款、表彰奖励和责任追究的主要依据。同时，全省各地应根据有关要求，抓紧制定中职学校生均经费标准和生均财政拨款标准。

3. 加大转移支付力度，积极建立财政激励引导机制

《中等职业教育质量提升转移支付资金管理暂行办法》对中等职业教育质量提升转移支付资金的使用和管理做了具体规定。该办法指出，中等职业教育质量提升转移支付资金是指省财政预算安排的用于引导市县整体提升中职教育发展水平、重点解决职业教育发展突

出问题的资金，主要分为两部分补助资金：

一是市县职业教育质量提升转移支付资金。以市、县（市）职业教育总体发展状况、年度进步率和财政教育投入等为主要依据，按照《省财政补助与市县职业教育发展挂钩考核细则》进行考核评分。全省分为欠发达地区、发达地区两类。按考核得分，每类地区设A、B、C、D四等，其中A等2个市县，各奖补750万元；B等3个市县，各奖补500万元；C等5个市县，各奖补400万元；其余市县为D等，不予奖补。该补助资金旨在引导和促进一个地区整体提升中职教育发展水平。

二是职业教育重点建设项目转移支付资金。以各市、县（市）承担职业教育实训基地建设、省级示范校建设、课程改革、产学研联合体建设、特聘兼职教师队伍建设、省级骨干教师培训、学生素质提升等重点建设项目为主要依据，按标准给予补助。如每所省级示范校建设补助400万元，省级先进制造业实训基地补助200万元，产学研联合体补助100万元等。该补助资金旨在重点解决职业教育发展的突出问题，促进浙江省职业教育内涵发展。

针对中职教育经费投入，浙江省连续出台三个文件，密度大、力度强、政策实，突出体现了浙江省委、省政府对发展职业教育的重视程度。这些文件的出台，必将有助于进一步强化职业教育的重要战略地位，进一步确保职业教育经费的投入，进一步增强职业教育的竞争力和吸引力，极大地促进了浙江省中职教育在“十二五”期间进一步快速发展，加快建设比较好地适应浙江省经济社会发展、满足人民群众需求、具有浙江特色的现代职业教育体系。

4. 财政教育投入持续增长

全省各级财政部门积极筹措资金，完善财政体制机制，逐步扩大公共财政保障范围，加大对教育事业的支持力度。

一是突出优先保障理念。年初安排预算时，优先保障教育经费投入，年中调整预算时及时跟进调整追加教育经费，年度超收的新增财力分配优先用于教育。多渠道筹措教育资金，严格按照规定比例，将教育费附加、地方教育附加、土地出让收益计提的教育资金等相关教育经费征足、提足，并全部用于教育支出。

二是完善协调配合机制。对内，财政部门建立起了相关处室紧密合作的工作机制，明确规程，分工协作。对外，加强与教育等部门工作的协调配合，及时掌握资金需求，督促加快资金使用进度和加强资金管理。

三是督促市县落实责任。近年来，浙江省市、县（市）安排的教育支出占全省财政教育支出80%以上，教育的事权和支出责任主要在地方。为此，参照财政部的做法，分市、县（市）核定了财政教育支出占公共财政支出的目标比例，建立了对市县财政教育投入的分析评价制度。通过加强对市县的指导、监督和检查，督促市县落实支出责任，对全省财政教育投入进行指标分析动态管理，确保全省财政教育投入目标的实现。

在加大财政教育投入数量的同时，调整优化财政支出结构，不断提升财政教育投入质量，保基本、补短板，抓关键、增效益，着力解决人民群众关切的教育问题。

促进教育均衡发展，向教育薄弱环节倾斜。增加学前教育财政投入，探索建立符合浙江实际的学前教育财政投入机制。加大职业教育投入力度，改进省对市县的中职教育转移支付办法，省财政补助与市县中等职业教育发展质量挂钩，整体推进市县中等职业教育发展。

二 浙江省职业教育经费投入经验

在长效保障和合理布局的基础上，浙江省着力完善职业教育体系，加强普职协调发展，推动实施普职同平台同批次同步招生和普职学生的有序流转，探索课程共通、专业体验、生涯指导等多样化融通模式改革。加强中高职在人才培养目标、教学方案、课程体系、教学过程等方面的有机衔接，积极探索构建多元一体化培养技术技能人才途径。

1. 建立全省教育经费统计公告制度

为进一步加强和完善教育经费统计工作，浙江省教育厅、浙江省统计局、浙江省财政厅发布了关于建立全省教育经费统计公告制度的通知，要求从 2017 年起，浙江省建立全省教育经费统计公告制度。

教育经费统计工作是为适应教育事业改革发展和宏观管理决策需要而开展的。当前教育经费统计工作仍存在重视程度不够、统计队伍不稳定、统计数据公布制度不健全、数据分析应用不深入等诸多不足之处，直接影响了教育经费统计工作质量和统计结果的运用。

新形势下加强和完善教育经费统计工作，是服务教育财政投入决策、完善教育治理体系和提高教育治理能力现代化水平的内在要求。

(1)高度重视落实责任

各地要进一步提高认识，切实把教育经费统计工作提到重要地位，健全工作机制，完善工作制度，强化队伍建设。

教育部门要会同统计、财政等部门建立健全教育经费统计工作部门间协调机制，坚持问题导向，依法规范教育经费统计行为，建立制度规范统一、流程分工合理、数据质量可控、数据公布及时、结果有效运用、保障措施有力的教育经费统计工作体系。

(2)依法统计加强合作

依法统计明确责任分工，规范统计行为，各级教育、财政部门要根据“分级负责、属地管理”和“谁主管、谁审核、谁填报、谁负责”的原则组织实施教育经费统计工作，履行教育经费统计职责。各级教育部门要严格执行资料采集、数据审核与汇总、情况分析，报表报送以及统计资料归档等工作流程。各教育经费统计调整对象应依法依规真实、准确、完整、及时地报送统计资料。有关部门和学校应当按照经批准的统计调查制度及时向本级教育经费统计部门提供教育经费统计所需的资料。

(3)确保数据质量

各地要建立健全教育经费统计数据质量控制制度，确保统计全流程的制度化、程序化、规范化，确保统计数据的真实、准确、完整；要建立和完善层层负责把关的统计数据分级审核制度，确保审核全面、数据精准；要建立与财政财务预决算和事业统计等数据的衔接协调机制，做到源头可控，信息互通；要健全完善教育经费统计基本单位名录库，做到应统尽统，不重不漏。

(4)建立健全公告机制

从 2017 年起，浙江省建立全省教育经费统计公告制度。通过教育厅门户网站和省教育厅、省统计局、省财政厅以公告形式公布年度教育经费统计情况，公告各市、各县(市、区)的年度教育经费执行情况。各地可根据实际,制定本地区年度教育经费服务统计数据的发布和公告程序与形式。原则上应在每年全国教育经费统计公告发布后30个工作日内完成本地区的公告工作。

(5)强化分析加强应用

各地要切实提高教育经费统计分析水平,重视统计成果的应用,从体制机制等层面研究提出解决问题的意见建议,为有关方面科学决策提供咨询服务,为宏观决策提供重要参考,以推进相关政策制度的完善。要加强教育经费投入和使用管理的监测,掌握本地教育经费动态变化情况,跟踪预算执行进度,密切关注各项政策措施的落实情况,准确把握改革和发展中出现的新情况、新问题,及时分析问题产生原因并提出有效的对策建议,推动改进完善。

2. 落实《教育法》规定的"三个增长"情况

浙江省各级政府公共财政教育支出增长情况:2016年,全省公共财政教育支出为1300.03亿元,比上年增长6.48%。中等职业学校生均支出18789.57元,比上年16237.53元增加2552.04元,增长15.72%。增长较快的是西湖区、台州市本级,下降的有2个市和7个县(市、区)。

2016年,全省各级教育生均公共财政预算公用经费支出全面增长。中等职业学校生均支出6416.07元,比上年5529.60元增加886.47元,增长16.03%。增长较快的是西湖区、德清县,下降的有1个市和7个县(市、区)。

3. 建立健全职业教育财政投入稳定增长机制

浙江省出台《关于加快发展现代职业教育的实施意见》,提出到2020年,形成与本省发展格局和水平相适应、产教深度融合、中等职业教育与高等职业教育有机衔接、职业教育与普通教育互通互补,学校、企业、社会多元办学,体现终身教育理念,具有浙江特色和全国领先水平的现代职业教育体系。

4. 顶层设计跨入新时代

浙江省提出职业教育要继续走在全国前列,为本省经济社会发展提供有力的人才支撑,为新常态下职业教育发展指明了方向。2015年,浙江省政府召开浙江省职业教育会议,出台《关于加快发展现代职业教育的实施意见》,全力打造浙江职业教育升级版。2016年,《浙江省职业教育"十三五"发展规划》正式颁布,启动实施浙江省"职业教育质量提升行动计划"和"高等职业教育创新发展行动计划",以创新、协调、绿色、开放、共享的发展理念,加快推进浙江省职业教育现代化发展。

5. 经费保障实现新增长

浙江省持续加大投入力度,积极探索建立职业教育经费投入长效保障机制。近五年来,每年浙江省级财政投入中职教育达2.3亿元左右,2012年,率先出台了《浙江省职业学校生均经费标准指导意见》,明确要求浙江省各地要制定中职学校生均经费标准和生均财政拨款标准并于2012年起实施,同时逐步将中职学校生均公用经费提高到普通高中的1.5倍以上。2016年,又下发《关于职业学校生均公用经费标准的通知》,进一步明确从2016年开始,确定全日制公办职业学校生均公用经费标准为每年2500元/生。2015年出台的《浙江省人民政府关于加快发展现代职业教育的实施意见》提出,建立健全财政投入稳定增长机制,2017年浙江省公办高职院校生均财政拨款达到本科院校水平。

按照“扶强、扶特、扶优、扶专”的思路，浙江省职业教育确定重点发展、扶持发展和调整三种办学方向，统筹和优化中职教育区域发展布局。力争到“十三五”末，消除中职教育发展薄弱学校，整体实现中职教育现代化。

发展职业教育，不仅要培养当地经济急需的技能人才，更要领先一步引领当地产业的转型升级，为当地经济社会的持续发展积极储备力量。为进一步推进产教融合，浙江省大力推行职业教育集团化办学，鼓励各地建立以区域或专业为纽带、地方政府（或行业）为主导、高职院校为龙头、职业学校和企业共同参与的职教集团或联盟。这种共建共享的模式，有效激发了各方面的积极性，参与企业和高校数量不断增加。

第三节 云南省职业教育投入研究

一 云南省职业教育经费投入情况

云南省是中国西部的欠发达省份，经济社会发展相对落后，科学技术人才一直是困扰该省经济社会发展的主要原因之一。近年来，云南省提出“兴滇富民”的战略目标，并把发展职业教育作为经济社会发展的重要基础。而云南省教育部门也提出，要加快云南职业教育的发展，亟需把职业教育作为教育改革的重点来抓，加大财政投入，改善办学条件，实施职业学校的校舍安全工程，及时解决职业教育，尤其是少数民族地区职业教育发展不平衡的问题。

在云南省教育厅向社会公布《云南省教育事业发展“十二五”规划》中关于职业教育的相关规定中，明确提出“加快职业院校公共实训基地建设，建设一批国家级和省部级重点中职学校。积极推进‘区域性职教园区建设’，建设 12 个职教园区。实施‘职业教育教师队伍建设工程’，生师比达到 20:1”。在“十二五”经济转型的大背景下，职业教育在促进云南省经济跨越式发展上的重要性也将体现得更加显著。职业教育在整个国民教育体系中的重要性不言而喻，但由于长期以来我国各级政府并未对职业教育给予充分的关注，我国（包括云南）的职业教育长期处于缓慢发展的状态已是不争的事实。云南省的职业教育发展同全国一样，也存在诸多的问题：如体制不顺，机制不合，资源分散，资金投入严重不足；职业学校培养的人才与市场经济的要求还不相适应；职业学校的教师队伍综合素质偏低以及职业学校的招生就业还存在一些问题和不足；社会对职业教育认识上存在偏见，相关主管部门对职教在当地经济社会中的重要性认识不够等等。职业教育是具有促进地方经济发展、调节收入分配、提高劳动力素质、体现社会公平等诸多种外部性的准公共品，这就决定了政府的财政经费投入应该是职业教育经费来源的主体。而财政又具有优化资源配置、维护社会公平的职责，可以说一国或一地区的职业教育发展与该国或该地区的财政经费投入密切相关。虽然中央和地方对云南职业教育的发展均有相应的财政体制和政策给予投入保障，但在职业教育经费投入的绩效上却长期存在着被忽视的问题。

云南职业教育无论是在经费投入总量上，还是在生均投入经费上，都保持了较为快速的增长。但仔细对比就可发现，云南职业教育在经费总投入不能满足在校生人数的增长。

而在云南职业教育经费投入占云南教育经费投入的比重上，由于云南教育经费总投入增长地更快，所以云南职业教育经费投入占云南教育经费投入的比重并非逐年增长。从云南职业教育经费投入占云南教育经费投入比重可以看出，云南职业教育在 2005 年以后才重新得到了政府部门的重视，但最近几年政府的重视程度有所下降。

二 云南省职业教育经费投入经验

关于教育经费投入的结构分析，按照《中国教育经费统计年鉴》的分类方法，教育经费投入结构分为预算内教育经费、教育附加费、事业收入、校办产业收入、捐集资收入、其他收入、基建拨款。此外，虽然学杂费收入一项包括在事业收入里面，但由于事业收入在教育经费收入比重较大，在分析时单独列出。

1. 预算内教育经费投入未增长

预算内教育经费投入是职业教育经费的主要来源，云南省职业教育的政府财政性教育经费比重却在多年内呈下降趋势，这同职业教育发展的大趋势是相反的，近几年这一比重的上升也只是恢复式的上升。

2. 教育附加比重低

在职业教育领域，教育附加并不是一个所占比重较大的收入来源。从总体上来说，云南职业教育的教育附加费比重虽然在总体上保持了上升趋势，但在教育经费收入中所占比重仍然较低。这是因为伴随着农村税费改革的推进，农村教育附加取消，城市教育附加成为教育附加的主要来源。目前的教育附加是按增值税、消费税、营业税的 3% 征收的，而云南省本身经济落后，税源不足，自然影响到了教育附加的征收数量。

3. 事业收入所占比重大

事业收入是云南省职业教育的第二大收入来源，而学杂费又是事业收入的最主要部分。按照职业教育发展规律，个人对职业教育办学经费的投入比重是越来越低的，目前，世界各国职业教育经费分摊有两个明显的趋势：一是个人承担的部分越来越少，而社会承担的部分越来越多；二是地方财政承担的部分越来越少，中央财政承担的部分越来越多，政府依然是职业教育经费的主要提供者。而作为地方经济实力偏弱的云南省，只能靠增加事业投入的比重来弥补职业教育经费需求。

4. 捐资收入和校办产业等收入所占比重下降

捐资收入和校办产业等收入在云南省职业教育的经费投入所占比重很小而且呈下降趋势，捐资收入和校办产业收入在职业教育中所占比重从来没有超过 1%，基本上可以忽略不计。单纯从数字上看，这两项收入发挥的作用有限，但是多元化的投入渠道更有利于集中更多经费来发展职业教育。而且，捐赠是第三次国民收入分配，是社会进步的体现，我国的慈善捐赠事业近年来也飞速发展，具有很大的潜力，尤其对于云南这样不发达地区，更要重视捐赠收入。

5. 其他收入

根据《中国教育经费年鉴》统计指标解释，其他收入项目包括了农村集体经济的投入、乡镇企业的资助等收入,该指标充分显示了地区经济发展水平对职业教育的贡献程度。职业教育从理论上更为重视校企合作,所以企业对学校的资金支持要比其他类型教育更为需要。但是云南作为西部省份之一,工业经济不发达,大中型企业较少,多是一些小型厂矿企业,效益平平,校企合作松散,基础薄弱,企业支持、资助职业教育力不从心,所以企业尤其是民办学校举办者投入占到的比重就非常低。不仅仅是云南,从全国角度而言,本该对职业教育异常重视的民办企业的投入是非常不足的。这说明,虽然国家在 1999 年就明确提出职业教育举办主体由原来的政府办学为主、社会力量办学为辅的政策转变为主要依靠社会力量办学来支持职业教育发展,但是多年来依靠政府主导的职业教育办学模式并没有得到有效地改善,对职业教育更有重要性的“校企合作”制度环境并没能形成。

6. 基建投入占比较低且波动较大

基本建设投入的大小,关系一个国家、一个地区教育基础设施的完善程度、教育条件的优劣程度。良好的教学环境能培养学生的良好品质、情操和修养。较好的教学设施能提高教学质量,而较好的体育设施能提高学生的身体素质。校舍及食堂等公共设施的好坏是关系学生身体健康和生命安全的大事。然而基建拨款所占云南省职业教育经费总投入比重并不高,而且基建投入占总经费投入比重每年波动较大,无规律可循。云南职业教育的基础建设情况并不理想,较低的基金拨款不能保障职业教育硬件资源上的质量。

云南省职业教育在基建投入方面每年变动较大,说明了职业教育在基建投入方面没有一个稳定的保障机制。通过对云南省职业教育经费投入的总量和结构分析,可以发现云南省职业教育经费投入在总量上虽然年均增长较快,但在占云南省教育资金投入的比重上却呈下降趋势。虽然云南省职业教育经费投入在政府预算内资金投入的比重一直保持在 60% 的比重上,但个人学杂费投入的比重却也常年保持在 20% 左右,其他投入比重过低,甚至可以忽略不计。这种经费投入的总量和结构特点,究竟能对云南职业教育的办学成效带来什么样的提升结构,还需要进一步分析。

第四节 其他省份职业教育投入简介

一 山东省职业教育投入简介

山东省的做法,一是从制度上推动经费保障机制的建立与完善,出台《关于加快建设适应经济社会发展的现代职业教育体系的意见》等政策,逐步完善了职业教育的公共财政保障机制。二是完善资助政策体系,《关于全部免除中等职业教育学费的通知》等政策规定,从 2013 年秋季起对全省中职教育在校生全部免除学费。保证了贫困学生公平受教育的机会。三是积极拓宽经费来源,一方面加大财政性经费对职业教育的投入。明确提高财政性教育经费用于职业教育的比例,将中职教育纳入公共财政保障范围,确保教育附加用于职业教育的投入比例,另一方面及时制定税收优惠政策,《关于支持发展现代职业教育有关税收政策的通知》明确营业税、企业所得税、个人所得税等 9 个税种通过免税等方式优惠支持现代职业教育发展。如“鼓励企业接收学生实习、实训、学徒,企业为接收学生实习实训支付的报酬等费用支出,按规定在计算应纳税所得额时扣除”,“对从事学历教育的学校提供教育劳务取得的收入免征营业税”,“对企业通过公益性社会团体或者县级以上人民政府及其部门,用于教育事业的捐赠支出,在年度利润总额12%以内的部分,准予在计算企业所得税应纳税所得额时扣除”。

青岛市历经近两年的调研、起草、论证,经青岛市第15届人民代表大会常务委员会第29次会议通过,并报经山东省第12届人民代表大会常务委员会第16次会议批准,《青岛市职业教育条例》(以下简称《条例》)正式施行。这一用法制化思维推进职业教育改革与发展的创举,在规范管理的基础上,对目前制约职业教育发展的专业师资、校企合作、经费保障等困难和问题给出了全新的路径。

1. 坚持政府统筹

长期以来,青岛市发展职业教育的一个重要经验就是“四统筹”,市级政府统筹高中阶段教育结构、职业学校和专业布局、城乡职业教育发展和职业教育经费。《条例》坚持职业教育市级统筹的理念,重视发挥市级政府在职业教育发展中的作用,规定“市人民政府应当统筹全市职业教育发展,优化职业教育结构和布局,推动城乡职业教育协调发展”,“市、区(市)人民政府应当将职业教育纳入国民经济和社会发展规划,建立和完善职业教育工作联席会议制度”,“市、有关区(市)人民政府应当保持职业教育与普通高中教育招生比例相当”等。

从20世纪90年代以来,青岛市职业教育一直走在全国的前列,“双元制”模式、原胶南的“工学结合、半工半读”模式都曾在全国推广,这些行之有效的做法和经验,是青岛市职业教育可持续发展的重要财富。最主要的还有一点,那就是青岛市一直坚持市级政府统筹职业教育,并建立健全了经费保障体系,这一切成就了青岛职业教育的可持续发展,这些经验需要立法予以固化并不断予以完善。

2. 突破制约发展“瓶颈”

为解决企业在职业教育发展中动力不足的问题,《条例》将“校企合作”单列一章,明确了企业在职业教育发展中的主体作用,规范了校企合作双方的权利与义务。同时,细化了企业参与职业教育的支持政策,对校企合作相关鼓励政策措施从法律层面作出规定,包括政府设立校企合作扶持资金、实习学生实习责任保险由财政支付、企业开展校企合作依法享受税收优惠等。为提高职业学校专业教师综合素质和教学水平,《条例》规定,“没有行业、企业事业单位经历或者经验的初任教师,执教专业课前应当到相关企业事业单位进行不少于六个月的实践锻炼”,“公办职业学校教职工编制总额中的百分之二十可以用于聘用专业兼职教师”等。

充分发挥企业在职业教育发展中的作用,是解决职业教育培养和使用相脱节的根本措施之一。《条例》强化了企业的责任,着重发挥企业培训的主体作用。在强化企业的培训责任方面,《条例》针对当前青岛市企业员工培训存在的缺少培训需求分析、培训内容缺乏针对性、培训方式缺乏多样性、缺乏培训效果评估等问题,对职业培训相关问题进行了规定。

《条例》从法律层面解决了制约我们深入参与校企合作的关键因素,实习学生实习责任保险费用由市政府财政负担,进一步梳理明确了参与校企合作的企业可享受税收优惠有关政策等,为企业发展带来了新的契机。

职业教育发展,离不开充足的经费保障。为建立全方位的职业教育经费投入的保障体系,《条例》首次明确:“职业教育生均公用经费标准不得低于普通高中生均公用经费标准的1.5倍”“城市教育费附加和地方教育附加用于职业教育的比例应当不低于30%”“市级人民政府每年应当按照不低于30%的比例,提取不举办职业教育的区(市)城市教育费附加和地方教育附加”“当年教育费附加和地方教育附加用于职业教育的比例达不到30%的区(市),差额部分应当上缴市本级财政,统筹用于全市职业教育”等。

此外,《条例》坚持人文关怀。在立法过程中,青岛市在确保立法严谨准确的基础上,将人文关怀的元素注入立法之中,通过法律规范将职业教育特殊群体的利益转变成法律上的权利。《条例》规定,“顶岗实习学生实习报酬不得低于当地职工最低工资标准,实习报酬应当以货币形式按月直接发放给学生本人,并在三方实习协议中明确报酬标准”,“特殊教育学校职业教育生均公用经费不得低于当地初中生均公用经费标准的10倍”,“支持金融机构为接受职业教育的贫困家庭学生提供助学贷款”等。这些条款的法律关怀将进一步加强对这部分学生正当利益的保护,也使得立法在有了自己的“高度”同时,还有了自己的“温度”。

二 黑龙江省职业教育投入简介

2015年,黑龙江省建立了职业教育生均经费保障机制,确定逐步将高职院校生均财政拨款水平提高到1.2万元标准,公办职业学校按专业类型分档确定生均公用经费标准,最低不少于3000元。

近年来,黑龙江省出台了《黑龙江省人民政府关于加快发展现代职业教育的实施意见》《关于建立完善以改革和绩效为导向的全省公办职业院校经费保障机制的实施意见》等一系列相关配套政策措施,职业教育呈现快速跨越式发展势头。

三 广西壮族自治区职业教育投入简介

“授人以鱼不如授人以渔”,职业教育的发展为学生掌握一技之长提供了教育保障,也为产业发展提供人才支撑。近几年,广西高等职业教育发展迅速,目前全区已建成97个高等职业教育示范特色专业及实训基地,近期又下达了提高高职院校生均拨款专项资金8亿元,大力支持职业教育发展。

为加快广西高等职业教育发展,2015年11月广西财政厅、教育厅印发《关于建立以改革和绩效为导向的高等职业教育生均拨款制度的通知》,对高职院校经费拨款分配方式进行改革。即按“生均定额+专项拨款+绩效奖补”方式核定高等职业学校财政拨款,并改革项目经费分配办法,实行分类管理、分类拨款的办法,将高校生均拨款水平、拨款档次与“强基创优计划”的实施效果相挂钩。

通过近两年来的积极探索,广西逐步建立以改革和绩效为导向的高职院校生均拨款制度,改革取得阶段性成果。全区建设了一批高等职业重点项目,高等职业教育办学水平、人才培养质量、社会评价得到明显提高,为广西加快转方式、实施创新驱动发展战略提供了人才支撑。

2017 年自治区财政继续加大投入,下达提高高职院校生均拨款专项资金 8 亿元,重点支持自治区直属高职院校生均定额拨款补差、市属高职院校生均拨款奖补、高职院校“强基计划”、高职院校示范特色专业和实训基地建设、高职创新行动计划以及高职院校建设贷款贴息,确保全区 2017 年公办高职院校生均财政拨款达到 1.2 万元。

下一步,自治区财政将继续发挥财政资金激励引导作用,注重资金使用效益,建立激励相容、奖优扶优的机制,促进高职院校面向市场、面向就业;同时积极引导社会资本投入,鼓励企业和社会力量采取直接投资或捐赠等形式参与举办职业教育,促进高职教育经费投入稳定增长。

四　海南省职业教育投入简介

党的十九大明确提出“完善职业教育和培训体系,深化产教融合、校企合作”。近年来,海南省出台《海南省人民政府关于加快发展现代职业教育的实施意见》,不断推进各项措施,使得职业教育特别是中职教育得到了跨越式发展,成绩显著。一是办学硬件显著改善,办学结构进一步优化。二是师资建设不断加强,办学质量有所提升。近几年海南省投入 50 多亿元开展师资建设,双师型教师的比例上升了 20 个百分点。三是积极创新办学模式,校企合作成效明显。海南省高职院校试行“旺工淡学、工学交替”制,既增强高职院校学生的技能水平和实践能力,又缓解了旅游企业在旅游旺季用工难的问题。

然而,海南省实现了职业教育也存在一些问题:一是职业教育基础能力较为薄弱,实训设施设备缺乏;二是“双师型”教师缺乏,毕业生对口就业率偏低;三是中外合作办学数量少,办学效益不够理想;四是地方财政投入有限,教师待遇较低;五是生源质量参差不齐,招生形势愈加严峻等。

应完善支持政策,落实投入机制。一是将职业教育纳入产业发展和城乡建设规划。科学预测经济社会发展对各类人才的需求,推动职业教育层次和专业结构调整与区域产业结构调整相适应,职业教育课程和实训基地建设与产业技术进步相适应,适度超前储备新兴产业急需人才。完善人社部门与有关部门、行业组织联合发布年度分行业、分岗位的人才就业状况和需求预测制度。建立紧缺人才培养能力调查制度。海南省城市新区和各类产业集聚区建设要科学规划职业教育布局,统筹教育和产业资源,推动产教融合发展。

二是完善毕业生就业创业政策。坚持“先培训,后就业”、“先培训,后上岗”原则,对从事涉及公共安全、人身健康、生命财产安全等特殊工种的劳动者,严格落实就业准入法规和政策。规范清理影响职业院校毕业生公平就业的政策。人力资源社会保障、教育部门和职业院校要加强毕业生就业的政策指导和信息服务。各级公共就业服务机构、高校毕业生就业指导服务机构要免费提供就业服务,并加大对技术技能人才的宣传和推荐。加强职业院校就业指导机构的建设,加强就业、创业教育和服务。引导毕业生转变就业观念,鼓励多渠道多形式就业,允许学生休学创业,促进创业带动就业。要改善创业环境,充分利用国家现有政策对职业院校毕业生创业加大支持力度。

三是落实财政性职业教育经费投入。各级政府要建立与办学规模和培养要求相适应的财政投入制度，落实公共财政为主的教育多元投入体制，教育费附加、地方教育附加费用于职业教育的比例不低于30%的政策，依法出台职业院校生均经费拨款标准或公用经费标准并形成定期调整机制。建立职业教育经费绩效评价制度、审计监督公告制度、预决算公开制度。加强职业院校办学条件、人才培养质量、培训经费使用等方面的信息公开。统筹职业教育和培训经费，发挥好企业职工教育培训经费、就业经费和扶贫、劳动力转移培训、新型职业农民培育工程资金等各类资金在职业培训中的作用。完善职业教育资助政策体系，推行以直补个人为主的资助经费支付办法。此外，建议逐步提高“三免一补”标准。

四是充分利用社会资本发展现代职业教育。完善民办职业教育信息公开和质量评价标准，加强企业落实足额提取职工教育培训经费政策的监督检查。加大职业教育捐赠的优惠政策、典型案例、社会效益的舆论宣传。鼓励社会力量通过资金、土地、装备、技术、人才等多种要素投资职业教育。完善财政贴息贷款等政策，健全民办职业院校融资机制。鼓励发展实习实训设备融资租赁业务。支持营利性职业教育机构通过金融手段和资本市场融资。

五是提高教师和技能人才的待遇。要重视职业院校教师职工的住房问题并给予解决，以调动职业院校教职员工的积极性和创造性。要制定配套的优惠政策，切实解决人才引进的住房、子女上学等事关安居乐业问题，吸引人才、用好人才，留住人才。

第五节　省外职业教育投入的经验与启示

职业院校稳步而快速的发展离不开教育经费的投入，本文通过对我国几个省份教育经费统计数据分析发现，我国高等职业教育经费的投入存在不同区域间经费投入不均衡，来源结构不合理等问题。为此需加大财政投入力度，扩大社会服务范围，增加收入来源渠道，从而保障河南省职业教育事业稳定健康快速发展。

2018年，河南省职业院校在校生规模达到260万人左右；各级各类职业院校调整到500所左右；建成一批高水平的骨干职业院校，重点建设好10所示范性应用技术型本科院校、15所优质高等职业院校、100所职业教育品牌示范院校和200所特色院校。全省90%以上职业学校、所有高等职业院校、技师学院均建成标准化数字校园。

此外，以职业教育经费投入为重点突破。2017年起，河南省公办高等职业院校年生均财政拨款水平不低于12000元。

从各地经费保障机制建设情况调研收集的诸多案例分析，目前部分省市正在逐步推进职业教育经费保障新机制的建设工作，通过制定相关政策文件、落实生均经费标准、拓宽经费筹措渠道等多方面的实践进行探索，为河南省建立职业教育经费保障新机制提供了重要参考。

一　探索建立职业教育经费保障机制

1. 逐步落实职业学校生均拨款标准

生均拨款作为职业学校经费基数，是增加职业教育经费的重要路径。《职业教育法》规定，“省、自治区、直辖市人民政府应当制定本地区职业学校学生人数平均经费标准”。国务院出台的 3 个关于职业教育的决定和国家教育规划纲要等文件中都对省级政府提出了制定职业院校生均经费标准的要求。全国多个省市制定了地方职业学校生均拨款标准，并以此为基础逐步建立和完善了职业学校经费投入的稳定增长机制。各地努力提高职业教育生均财政拨款标准，并提出职业院校生均拨款逐年提升，提供了职业教育生均拨款调整空间，形成了稳定的生均经费增长机制。如山东省政府 2013 年《关于职业学校生均公用经费基本拨款标准有关问题的通知》规定，“以后年度省里将适时提高公用经费基本拨款标准，建立公用经费正常增长机制”。而在加强职业院校生均经费标准制度建设方面，全国有部分省市已开始制定和实施了地方职业院校生均拨款标准。这些政策文件的颁布明确了生均拨款的内容、范围和拨款标准，进一步完善了职业院校的拨款机制。

2. 推进职业教育资助政策体系建设

为保障来自低收入家庭的学生接受职业教育的机会，各地方政府积极建立健全以国家助学金为主，以校内奖学金、学生工学结合、顶岗实习、学校减免学费等为辅的资助政策体系。如天津市设立了“天津市政府助学金”，对没有获得国家助学金的职业一、二年级学生每生每年资助 500 元。助学金由中央财政和地方财政共同出资。

在完善资助政策、增强职业教育吸引力方面，2007 年《山西省职业学校国家助学金管理实施意见》规定，“国家助学金主要资助家庭经济困难学生的生活费开支，资助标准为每生每年 1500 元”。《陕西省职业学校国家助学金管理暂行办法》则规定，“国家助学金由中央和省、市政府共同出资设立，主要资助受助学生的生活费开支，资助标准为每生每年 1500 元”。同年《海南省职业学校家庭经济困难学生资助实施方案》也规定，“学校要将 10% 以上的学费收入用于设立优秀学生奖学金，并优先组织贫困家庭学生参加勤工助学、半工半读和创业实践”。

3. 逐步实施职业教育免学费政策

2009 年国务院提出“逐步实行职业教育免费”，当年秋季学期开始实行职业学校农村家庭经济困难学生和涉农专业学生免学费政策，2012 年职业教育免学费范围已扩大到所有农村（含县镇）学生、城市涉农专业学生和家庭经济困难学生。

降低职业教育受教育者个人负担是促进教育机会公平的重要手段，宁波市《关于扩大职业教育免学费政策范围进一步完善国家助学金制度的意见》提出，扩大职业教育免学费政策的学生范围。要求自 2013 年春季学期起，享受职业教育免学费政策的学生范围扩大至宁波市职业学校的一、二、三年级所有在校学生。福建省《关于扩大职业学校免学费政策覆盖范围实施办法的通知》对涉农专业和非涉农专业的学生都实施免费政策，对符合免学费政策条件的全日制学生，涉农专业学生免学费财政补助资金标准每生每学年 2400 元，非涉农专业省属学校学生补助资金标准 2600 元，非涉农专业省属以外其他学校学生省定财政补助资金标准 2100 元。厦门市《关于全面实行职业教育免学费政策的通知》则对符合政策条件的全日制和非全日制学生都实施免费政策，全日制学生补助资金标准每生每学年 2600 ~ 4800 元，非全日制学生补助资金标准每生每学年 1200 元。

4. 高等职业教育经费投入水平逐步提高

超过半数以上政府投入为主的高等职业教育经费保障机制正在形成，体现了政府主导的特征。这在高职教育改革发展进程中具有里程碑意义。

以北京市为例,高职院校的生均预算内教育经费呈现大幅上升趋势,远超过全国平均水平。其主要原因,一是市教委对高职院校制定了单独的经费拨款标准,而对示范性高职院校在此基础上又提高了拨款标准。二是细化专业拨款标准,分类承担生均专业教学成本,具体对不同专业类采用不同的拨款标准。如某校每生每年工科为 22700 元,文科为 20300 元,农、医科为 23700 元。三是加强针对性。创新经常性经费分配机制,市教委制定了教学质量提高经费和科研水平提高经费两方面经费管理模式,采用生均定额的方法,以单独测算的方式纳入经常性经费分配中。

5. 逐步实行高等职业院校生均拨款标准

多个省份制定了高等职业院校生均拨款标准。如湖北省政府已决定从 2014 年开始建立高职院校生均拨款制度,省属公办高职院校生均拨款标准提高到 5000 元,以后逐年提高。其他各省份也有相关政策,如福建省政府 2006 年颁布的《关于我省公办职业院校生均经费标准意见的通知》;2010 年湖南省政府颁布的有《湖南省公办职业院校生均经费标准指导意见》,新疆维吾尔自治区政府颁布的《关于建立新疆维吾尔自治区职业教育生均拨款机制实施意见的通知》;2013 年天津市政府颁布的《关于完善市属高等职业院校生均拨款制度的通知》和湖北省的《关于进一步提高公办高职院校生均财政拨款水平的通知》。

二 逐步建立多渠道的经费筹集机制

地方各级政府在增加财政性经费的同时也努力拓宽教育经费渠道,主要措施有:规定职工教育经费比例、开征教育费附加、实施税收优惠、鼓励企业投入等等。

1. 明确规定职工教育经费比例,加大人才培养投入

征收职工教育培训经费明确了企业的责任。并且将责任制度化。目前大部分企业基本落实。全国总工会关于企业职工教育经费提取情况的调查显示,大部分企业按国家规定足额提取了职工教育经费,提取比例也有上升的趋势。但是,部分地区企业职工教育经费占比还有待进一步提升,如江苏省南通市人社局正式发布的该市企业提取的教育经费仅占职工工资总额的 1.23%,与国家规定的 1.5% 的要求仍存在明显差距。

部分地区落实征收职工教育培训经费的政策,如《上海职工素质工程"十二五"发展规划》提出,"足额提取企业税前列支 1.5% ~2.5% 职工教育经费并合理使用,职工教育经费的 60% 以上须用于一线职工的教育和培训,且 60% 以上用于一线职工培训的企业占企业单位的 70%"。《北京市人民政府关于大力发展职业教育的决定》规定,认真落实"一般企业按照职工工资总额的 1.5% 足额提取教育培训经费,从业人员技术要求高、培训任务重、经济效益好的企业,可按 2.5% 提取"的规定,足额提取教育培训经费,主要用于企业职工,特别是一线职工的教育和培训。《浙江省职业教育"十二五"发展规划》则提出,"企业按照职工工资总额的 2% ~2.5% 提取职工教育经费,用于企业职工特别是一线工人的教育培训"。

2. 开征教育费附加,扩大经费投入渠道

依据《职业教育法》等有关开征教育费附加的法律法规,各地先后出台了明确教育费附

加用于职业教育比例的相关规定，完善了职业教育经费的投入机制，保证了职业教育财政性经费的逐步增长。如《贵州省人民政府关于大力推进职业教育改革和发展的意见》提出，"城市教育费附加安排用于职业教育的比例不低于30%"。《四川省人民政府关于大力发展职业教育的决定》提出："市（州）、县（市、区）人民政府要认真落实城市教育费附加不低于30%用于职业教育的政策"。《甘肃省职业教育发展条例》则规定，"县级以上人民政府依法征收的城市教育费附加，每年应当安排不低于30%的比例用于发展职业教育"。

3. 实施税收优惠政策，促进企业投入制度化

部分省市运用财税手段，通过减免税费等措施，鼓励企业参与职业教育。这些税收优惠政策保护了企业利益，提高了企业办学积极性，使企业在参与职业教育发展中实现自身的可持续发展，体现了国家对企业参与职业教育所给予的补偿，体现了国家对合作企业激励的意志。如提出，"要运用财税手段，通过减免税费等措施，督促企业落实足额提取并使用教育培训经费的规定"，还规定"对国家拨付事业经费和企业办的各类职业院校依法免征房产税、城镇土地使用税"，重庆市地方税务局下发的《关于明确大力发展职业技术教育税收政策的通知》，则从营业税、企业所得税等方面规定了促进职业教育发展的减免政策。

4. 面向市场筹措资金

通过技术服务与合作开发项目获取"其他收入"。从各省、市、自治区、直辖市和新疆建设兵团的《高等职业教育质量年度报告》分析，32份省级高职年报信息显示，披露该地区高职院校经费数据的有20个省份，校均经费收入总量过亿元的有10个省份，披露高职院校"其他收入"的有12个省份；校均"其他收入"过亿元的省份有3个省份，分别是广东、天津和海南。以天津为例，2013年全市高职院校经费收入为31.77亿元，较2012年增长幅度为39.9%，连续三年保持增长。在天津高职院校2013年度经费总额中，学费收入占27%，财政经常性补助收入占31%，央财和地财专项投入占31%，其他收入占11%。可见，天津高职教育经费保障在政府公共财政投入的同时实现了受教育者合理分担教育成本、学校向市场筹措资金的"多元投入"格局。

5. 努力获取技术服务性收入

除了政府拨款、举办者投入和学费收入外，一些职业院校在筹集学校资金的过程中转变观念，依靠自身优势面向社会、面向市场、面向企业开展技术服务，通过这些服务进一步加强了学校与企业的联系，同时也获取了技术服务性收入，为职业教育经费保障机制建设提供了一种全新的思路。据"高等职业院校人才培养工作状态数据采集平台"汇总的全国1283所高职院校填报的相关数据分析，2016年度有60%的高职院校在服务地方的过程中获取了技术服务性收入。有104所高职院校的技术服务性收入超过500万元，约占8%。进一步梳理全国各地高职院校的《高等职业教育人才培养质量年度报告》可以发现，很多院校在面向市场的积极探索中既筹措了经费更赢得了发展。以下为几个典型案例。

案例之一：上海城市管理职业技术学院与多家企业和科研单位建立了多种形式的合作共建关系，如与某软件工程有限公司合作开发工程造价计量、造价控制、物业管理、项目管理鉴定等管理软件。这些软件正在顺利使用并受到用户好评。同时，又与多家企业建立紧密型的校企合作关系，联合拟订教学方案、实施教学计划和共同培养相关专业学生，为企业输

送学以致用的人才,达到校企双赢的目的。学校年培训员工数为34659人次,企业技术服务性年收入达到1298.5万元,成为上海唯一一所技术服务收入超过千万元的高职学校。

案例之二:四川邮电职业技术学院为中国电信四川公司、中国通信服务四川公司、西藏通信管理局、中国联通四川公司、中移动通信技术工程公司和四川省速递局、成都市邮政局等企事业单位提供职业培训、技能鉴定及资格认证等服务。学院的服务量达到10万人次,培训年收入超过2500万元。

案例之三:义乌工商职业技术学院面向中小企业开展了一系列科技服务工作。为企业提供科研项目申报、企业科技合作、企业生产关键技术攻关等服务。先后与企业合作完成了基于SAP ERP与PDA条码技术的现代袜业信息化平台建设项目、生产线负压风机节能控制系统和基于物联网的制造执行系统、印刷行业息化基础平台建设项目、3D印刷数字资产管理系统设计开发、胶印专色油墨配色系统研发等项目,有力推动了企业转型升级和社会经济发展。该校为企业技术服务年收入达5072.6万元。

案例之四:黑龙江大庆职业学院发挥传统专业的技术优势和教育资源优势,新开发了油田注水井分层测调新技术培训等9个培训项目,为中石油集团公司、大庆油田公司等企业开展培训服务。目前培训项目和资质增加到55个。2014年获得国家应急救援演练基地的建设项目,获得国家财政投资2148万元,中石油集团投资1432万元,集团公司额外投资1096万元,学院自筹资金95万元。

案例之五:青海交通职业技术学院依托职教集团平台作用,与青海路桥行业的领跑企业"正平集团"共同创建了"正平学院",与丰田公司共建了"T-TEP"学校,与上海亚湾酒店共建了"亚湾旅游酒店学院",与青海省昆仑玉珠宝公司共同建立了"校中厂",与青海宾馆建立了"厂中校",获得了多家企业投入。学校为企业提供技术服务年收入达2385万元,为社会培训员工达7667人次。

案例之六:温州职业技术学院年度的总收入中,其他收入占到21.1%,大部分源于该校在参与企业的项目建设和科研项目过程中获得了企业的"回报性"投入。该校建成了2万平方米的技术研发大楼,成立了43个研发中心。全部面向温州支柱产业和特色行业以及企业,包括浙江省高职院校唯一一个省级创新服务平台等省市级开发服务机构10个,校企共建研发中心16家。

案例之七:沙洲职业工学院积极推进沙工产学研服务基地建设工作,通过引进合作、自组团队等方式建立了物联网在线教育服务千人计划工作站、再制造职业培训学院、常塾理工学院——沙洲职业工学院联合技术研发中心、沙工——广正科技成果转化中心等11个产学研合作平台。近三年来学校为企业技术服务年收入始终稳定在2000万元左右。学院为企业培训稳定在每年20000人次左右。校内生产性实训基地为企业技术服务年收入1700万元左右。

6.加强职业教育专项经费制度建设

职业教育专项经费是职业教育经费保障机制的必要补充,是根据经济发展的需要,对阶段性目标给予重点、及时的投入,发挥引导、引领和促进改革的示范作用。在国务院相关文件的规定下,各地制定了职业教育专项经费的相关政策,设立了主要用于支持实训基地、师资培训、示范职业院校、重点专业建设、企业办学、民办院校建设等专项经费。以上海市为例,从2006年开始设立了上海市职业教育发展专项资金,将其列入市级财政年度教育经费预算,并制定了《职业教育发展专项资金管理办法》等一系列政策文件。如《上海市教育委员会关于拨付2012年度上海市民办教育政府专项扶持资金的通知》规定,专项经费主要用于非营利性民办高校示范校创建、民办高校内涵建设、民办学校师资队伍建设和国家教育体制改革试点等。2008—2012年上海市财政对上海建工集团总公司举办的某全日制高职院校投入专项经费共计4369万元。在2011年该校各类专项投入中,重点专业建设经费占71.2%,奖、助学金占18.3%,两者合计占总投入的九成,体现了上海市的财政政策高度注重职业教育的内涵建设的成果。

综合分析各省份建设保障机制的举措可以发现,在职工教育培训经费和教育费附加用于职业教育方面,全国90%以上的省份提出了与国家文件相近的标准,体现了与国家对职工教育培训经费规定趋同的特点。而在税收优惠、生均财政拨款基本标准、职业教育专项经费、免学费政策等方面体现了较为显著的省份差异,反映了不同地区政策制定和落实的差异性。

一方面各省份教育费附加安排用于职业教育的比例逐步趋同。90%的省份提出了与2005年国务院《决定》基本相同的标准,即"城市教育费附加安排用于职业教育的比例,一般地区不低于20%,已经普及九年义务教育的地区不低于30%。"而有10%的省份规定的教育费附加用于职业教育的比例略高于国家规定的标准,如《上海市人民政府关于大力发展职业教育的决定》规定,"城市教育费附加用于职业教育的比例提高到30%。此后四年里每年提高一个百分点。"广西壮族自治区则规定,"城市教育费附加、地方教育费附加安排用于职业教育的比例不得低于50%。"

另一方面,地区间在生均拨款政策制定上有显著不同,部分省区尚未落实。目前仍有超过一半的省区尚未制定职业院校生均拨款标准及其相关政策。分析13个发布职业院校生均经费标准的省区市中,有54%的政府向本地区中职生人均公用经费拨款达到1500元以上。此外,有46%的省区市按专业设置生均经费财政标准,有31%的省区市按区域分布设置标准。体现了专业的公共成本差异及省(区、市)内区域间经济发展水平的差异。在13个省区市中,确定职业院校生均公用经费标准的有上海、山东等5个省份,而确定职业院校生均经费标准的有浙江、福建等8个省份。

思考之一:健全职业教育经费投入的法规建设,是完善职业教育经费保障机制的重要基础。目前,职业教育经费相关的法规建设相对滞后。各级政府应在中央政策框架下,依据本地实际完善职业教育经费的相关地方性法规,加快建立健全地方职业教育经费保障机制,保证职业教育经费的多元筹措、合理使用与科学管理。

思考之二:推进职业教育生均拨款标准全面实行,是完善职业教育经费保障机制的重要环节。职业教育承担着培养高素质劳动者和技术技能人才的重要任务,而生均经费拨款标准多年未全面实施已成为职业教育发展的最大瓶颈,需要引起国家和地方政府的高度重视。应鼓励各级政府从各地区的发展水平出发,制定各地最低生均公用经费标准,并根据不同的专业类型制定不同的拨款标准,保证财政拨款的公平。

思考之三:扩大中职免学费覆盖范围,是完善职业教育经费保障机制的有效举措。各级政府在保障家庭经济困难学生公平受教育机会方面,担负着重要使命。政府应增加对职业教育的投入。进一步扩大职业教育免学费的覆盖范围,实现免学费政策全覆盖,保障家庭经济困难学生的公平受教育权利。

思考之四:加强多渠道经费筹措机制建设,是完善职业教育经费保障机制的组成部分。一是加快完善企业参与职业教育的税收优惠政策制定等,特别是制定并完善所得税减免制度等财政补贴或财政优惠政策,从而促进企业参与职业教育;二是加强企业教育培训经费的征管工作,确保足额征收,统筹管理,有效使用;三是鼓励学校通过提升研发服务能力并主动服务企业获取企业的回报性投入,尤其是发挥高职院校的创收功能,鼓励学校主动提高能力服务企业并获取企业的投入。

第八章 河南省职业教育经费投入体制机制改革的对策

第一节 出台职业教育经费的集中拨付政策

全面实行省级财政集中拨付,解决财政转嫁问题。目前,在公共财政相对独立的背景下,省级政府利用自身权力将高职教育投资的责任全部或者部分转嫁给城市一级的地方政府,造成河南各地市政府的财政压力过大,同时又存在着高职教育的外溢性,地市级人民政府不得不减少部分地方财政投入。如果省级人民政府只筛选部分职业院校进行财政经费投入,而将职业院校办学经费投入的责任直接转嫁给地市级人民政府,其直接结果必定是部分财政经济实力较强、发展基础良好的地市职业教育往往得到较快发展,而所谓的人口大市、财政穷市、资源相对匮乏地区的职业教育因为当地政府财力不足而资金匮乏。虽然省级财政会对一些经济基础薄弱、经济不发达地市实行转移财政支付,但是对于农业大省职业教育办学经费需求来说,省级财政转移支付总量常常不能满足职业院校发展需要,很难从根本上解决制约职业院校发展的瓶颈。最有效的办法是全面实行财政集中管理、集中拨付的制度。根据各地的 GDP 比例,要求各地市拿出一定的资金进行职业教育,将职业教育资金交付省级财政统管,由省级财政统一进行职业教育经费的配置,保证职业教育经费的落实。要根据河南省区域经济的发展差异,依据职业教育不同专业技术技能人才的培养成本差异,针对不同专业出台不同的生均职业教育经费投入标准。对于经济基础薄弱、不能足额拨付或交付经费的地方财政,实行财政差异化的省级财政补贴机制,完善职业教育经费投入保障体制机制,确保经费拨款公平、公正,努力实现各地区间职业教育财政经费投入的均衡性、公平性与全面性。改变落后地区高职教育经费的投入远低于普通高教的局面,促进各地区高职教育均衡健康发展。

第二节 建立公共财政事业性经费的稳定增长机制

一 加大财政投入力度,提升办学质量

职业教育注重对学生实践能力的培养,实践与理论相结合是职业教育的特征。培养高质量的技能型人才是职业教育的目标。因此,职业教育需要先进的设备、优秀的师资、充分

的资源才能保证人才培养的质量。然而我国对职业教育的重视较晚，职业院校的基础比较薄弱，办学条件、办学质量与教育部所规定的基本要求有很大差距。为提高职业教育的整体水平，政府应加大对职业教育的财政性投资，为实现高等教育目标提供基本保障。百年大计，教育为本。政府作为教育的投资主体，应该在教育投资中处于绝对地位。职业院校培养技能型人才，既要注重理论知识的传授，更要注重实践能力的培养。而这需要大量的实训基地及实训设备、优秀的教师等各种教学资源。近几年职业院校招生规模迅速扩大，政府投入力度却远远跟不上高职发展需要，财政经费的投入远远跟不上学生规模的扩大，学校发展规模与学校收到的经费投入不匹配，严重制约河南省职业教育的快速发展。从全国水平来看生均财政拨款，河南生均财政拨款远远低于全国平均水平，生均拨款减少造成河南生均经费支出水平降低，从而影响了学生的培养质量。

二 纠正认识，加大投入

纠正社会对职业教育的错误认识，因为职业院校办学需要大量的实训设备投入，所需费用也相应较多，因此，必须加大职业教育经费投入，确保职业院校培养出满足新时代发展要求的创新性技术技能人才。由于历史欠账较多，在职业院校公共财政事业经费支出中，事业经费占比过大，基建经费占比过小，这将严重影响中国特色高水平职业院校建设的速度和质量。在职业教育公共财政事业经费支出中，人员经费占比过大，公用事业经费占比较少。公共财政事业经费主要靠预算外财政经费进行补充，突显出公共财政事业经费相对不足，职业教育经费使用效用不高的问题。要改变这种现状，必须加大公共财政投入，建立财政对职业教育稳定增长的机制，保证职业教育投入满足人员经费、公共基础设施建设、实训设备购买的要求。此外，职业教育投入要重点关注以下几个方面，一是根据专业的性质，文理科不同，区别对待，由于工科学生教学实践多，实训设备也较多，相反文科学生理论较强，实践设备较少，所需经费也相应减少。二要根据职业院校所处区域差异以及社会经济发展水平不同，综合考虑不同的专业及学校现有的设备数量，确定各个学校的招生及培养数量。三是根据培养的层次不同，区别对待职业院校生均经费拨付金额。在德国，行业企业、公益机构以及学生家庭在职业教育上的投入水平普遍比普通教育投入高，国家则对普通教育投入较职业教育力度更大。德国教育经费多元投入模式很有借鉴意义，我国职业教育办学经费的投入结构可以借鉴德国模式进行体制机制改革。高职高专与普通本科相比，其人才培养目标差异很大，职业院校培养的是创新性技术技能人才，而普通本科既培养学术研究人才，也培养工程应用人才，所以，职业教育的人均培养经费应不低于或略高于普通本科生培养的经费。

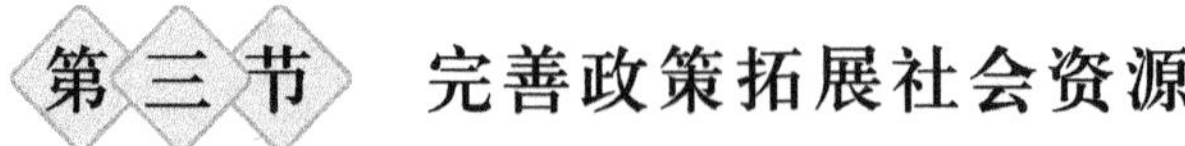

第三节 完善政策拓展社会资源

一 完善捐赠法律环境，加强社会捐赠管理

职业院校除了需要政府加大投资力度以外，还应积极筹措各方面的资金。为此，国家应

积极鼓励社会捐赠。在捐赠方面国家制定了《捐赠法》,但针对职业教育的捐赠,国家并未出台相应的法律法规来规范捐赠和受赠的条件、捐赠人和受赠人应承担的法律责任及应享有的优惠政策等。因此,职业院校应增强捐赠意识,设立专门委员会,负责将捐赠人信息上报到地方政府管理部门,使捐赠人享受相应的优惠政策。同时委员会还应加强捐赠资金的管理,使资金流向透明化,保障资金专款专用。职业院校筹资应注重与媒体的合作,加强宣传,扩大学校的社会知名度,应定期举办筹资活动,邀请社会知名人士和校友参加,在活动中宣讲筹资对学校和捐赠人的意义,尽可能获得更多的捐赠。此外,与已有的捐赠人保持长期联系,建立捐赠人关系网络,还可以对捐赠人冠于荣誉事项,如学校建筑物、奖学金或基金会的命名权等,增进与捐赠人的关系,激发捐赠人对学校捐赠的热情。

二 充分发挥自身优势,提升自我发展能力

职业院校除了完成正常的教学工作任务外,还要充分利用自身资源优势和技术优势,开展社会有偿服务,如可以兴办特色产业、开展应用技术研究、举办各种培训、提供专业咨询、专业代理业务等。在提高社会服务能力的同时,逐步增强造血功能,提升自我发展能力。同时也为在校生提供了良好的实践场所,节约了相应的实践投入。

应激励各职业院校积极参与社会服务,扩大社会服务范围,增加事业收入的来源渠道。通过出台相关的政策支持、激励各职业院校充分利用自己的技术优势、研究优势和知识优势,以有偿服务的方式广泛参与社会服务,拓宽事业收入或其他收入的资金来源渠道。积极鼓励各职业院校在遵守国家法律规范的条件下广辟财源,减轻国家教育发展的资金压力,利用自身的优势和能力积累资金,既可补充国家日常教育资金的不足,同时也可为院校扩大发展打下坚实基础。

对于各职业院校利用自身的优势或影响进行技能鉴定、社会培训、实验检测的收费,依据市场状况制定收费标准,各职业院校可依据自身教育教学和发展,自行安排使用,不纳入财政专户管理。对于各职业院校利用校办企业,向社会提供的产品服务或技术服务等国家应给予一定的优惠政策支持等。

三 鼓励企业参与办学,搭建校企合作平台

职业院校培养的是技能型人才,满足企业对人才的需求。企业每年从学校招聘员工,经过短暂的培训即能很快上岗,为企业带来经济效益,而这离不开学校前期基本知识和专业技能的培养。实际上企业在帮助社会及学校解决学生就业问题的同时,也是最大的受益者。企业可以在早期开展与学校的合作,在学生刚踏入校门时,就可根据专业对这部分学生提供一定的实习场所和技术指导,甚至也可以与学校共同研究订单培养方案,利用学校教学资源和企业的现场资源来培养适合企业发展的人才。这样作为学校,既节约了实习费用又避免了教育的盲目性;作为企业,既节约了招聘及岗前培训成本又找到了真正需要的人才,这种理想结合的培养模式,既符合我国职业院校的发展宗旨和培养目标,又实现了企业和职业院校的双丰收。

第四节 完善职业院校财政经费绩效核拨机制

为了提高职业院校经费使用效率，就要不断优化河南省的经费绩效核拨机制。改革现有的职业教育办学经费核拨机制，打破按教职工编制（“人头费”）核拨基本经费的做法，引入职业教育经费绩效考核，试行按职业院校学生人数、办学水平、就业率、就业质量等反映职业院校办学质量以及社会服务能力等因素核拨教育经费的新方法。努力实现职业院校办学经费和技术技能人才培养质量联动新机制，以解决职业院校教师编制与基本办学条件要求相脱节问题。引入第三方机构评价，在资金分配上增加毕业生就业竞争力指数、综合实力提升指数、毕业生工作与专业相关度指数等社会和市场对高校办学质量的评价结果，提高财政资金分配透明度；强化专项财政经费的导向激励作用，不断加大办学质量、科研转化能力、经济社会服务能力等绩效考评薄弱环节的指标权重，引导学校根据自身办学条件，主动结合经济社会发展需要调整专业设置和办学模式，提高学生培养质量和管理绩效。完善绩效核拨机制改革，应做好以下三个重点工作：第一，支持各地根据区域经济发展需要和国家相关规定逐渐建立健全以职业教育经费绩效为导向的职业院校生均拨款标准及其动态调整机制，确保职业院校能够正常办学；第二，鼓励产教融合、校企深度合作，不断促进职业院校服务区域经济技术技能积累及其创新水平，提升职业院校教师的教学能力与社会服务水平，合作共建、共享各种教育教学优质资源，创新和传承先进的社会主义文化，开源节流，提高企业参与职业教育的积极性，不断激活职业院校的活力，提高人才培养质量；等三，主要用于支持与国家战略发展衔接，支持地方经济社会发展的专业人才培养，提升河南产业发展参与市场的竞争力，实现全面建设小康社会的发展目标。

第五节 动态调整职业院校收费标准

应不断提高职业院校学生的学费、住宿费收费标准，完善奖助学金制度。首先，我们应该依据当前的社会经济条件，测算培养一名合格高职学生所需的生均支出；其次，依据职业院校的经费来源和国家的职教投入政策，测算国家财政投入的生均标准；最后，综合考虑其他可能经常性获取的资金来源，最终测算出生均事业收入，作为河南省职业院校的收费标准。学费、住宿费的收费标准应该按期依据市场物价情况进行合理调整，并且这种调整可在收费许可证年检时完成。当然，学费标准提高，会增加学生及家长的负担，国家可以通过学生在校期间增加奖助学金发放比例及提高发放金额来适当减轻学生的负担，以达到双方共赢。

根据《关于对我省普通高等学校学费标准进行结构性调整的通知》（豫发改办〔2004〕232 号）《关于进一步规范普通高校收费管理的通知》（豫教财〔2007〕74 号）等文件精神，河南省高职院校的收费标准已经十年没有调整。十年中，河南的居民消费价格综合物价指数上涨了 135%，教学成本连年上升，财政预算事业经费的投入也没有跟上办学成本需求，按现行的物价，根据2004年教育部高教司印发的《高职高专人才培养工作水平评估》标准规定，河南高职教育人才培养的经费工科在20000元以上，文科在16000元以上。而公办高职教育的收费标准却没有改变，高职教育经费的不足导致教学设备及其他资源短缺，人才培养的质量受到一定的影响。依据《2010—2020年河南省中长期教育改革和发展规划纲要》关于非义务教育中要求建立人才培养成本分担机制的客观要求，可以根据办学水平、专业发展前景、教育教学条件等诸多因素重新核定职业院校收费标准，推行职业教育优质优价、适当拉开学费档次等政策，根据不同专业的发展前景和社会需要进行动态调整，完善职业院校人才培养成本核定方法，重新核定职业院校的办学成本。兼顾区域经济发展水平、人才培养成本以及群众经济承受能力，适当对学费标准进行动态调整。可以实行阶段性进行评估，逐步实现与市场并轨，从而促进和驱动河南省职业教育的健康发展、特色发展、改革发展，逐渐形成引领全国的河南发展模式。

第六节　出台职业院校自主使用经费的政策

目前，公共财政资金投入主要用于项目及人员、公用经费，另一部分则为项目资金，但是，项目资金使用范围过小，限制太严。有些项目论证时有立项的急迫性和必要性，但等项目经费下达时，项目已逾期，又不能违规改用到其他项目，造成有限的财政资金极大浪费。建议教育及财政部门扩大职业院校对资金使用的使用权，经费使用管理体制与学校定位相结合，与教学、就业相结合，以弥补过去学校发展中造成的基本建设投资、专业建设的欠账，实现教育经费的稳定增长。

第七节　项目资金纳入生均经费

项目资金没有纳入各个学校的生均经费。职业教育发展好的学校容易得到项目资金，也实现了专项资金扶强的目的，但从另一方面，资源条件相对落后的职业学院，由于教学设备条件差，教学资源缺乏，学生培养的质量较差，招来的学生相对来说成绩也不理想，培养起来难度大，效果不明显，得不到专项资金的有力支持。这一现象加剧了职业教育发展的不平衡。得到专项资金资助的职业院校，实力逐渐增强，很容易出现朱兰螺旋循环累积效应，使强者越来越强，差距逐渐增大。建议加大财政投入，方式上应是普惠性与竞争性扶持相结合。

第九章

河南省职业教育经费投入体制机制的保障体系

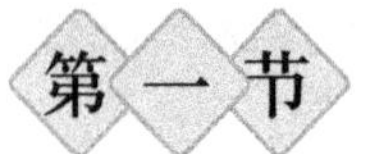

第一节 完善职业教育投入的激励机制

完善职业教育多渠道的投资体制，关键是在强化政府在发展职业教育中的主体作用的同时，加大社会力量对职业学校投资的力度。政府财政应该承担合理的经费，调动企事业、学校、民间组织投资办学的积极性，拓宽中等职业教育的经费来源渠道，使中等职业教育与社会经济发展的联系更加紧密。职业教育发展应该在经费投入、经费使用过程中和检查管理三个环节做好工作。首先，在经费投入环节，关键是要发挥政府在教育资源配置方面的作用，政府的作用和市场的机制两手都要硬。政府要加大对中等职业教育的投入，不断强化中央和地方财政部门对中等职业教育投入职责；同时，发挥市场的调节作用，通过财政和税收杠杆推进中等职业教育投资的社会参与，发挥企业、民间团体、个人在内的多元主体在中等职业教育发展中的作用；其次，在经费使用过程中，必须健全和完善相关的法律法规和财政转移支付制度，加大对贫困地区的投资力度，加强贫困地区教育中最薄弱、最急需的方面，促进地区间教育投入的均衡增长，合理优化资源配置，保证教育的公平性，提高教育经费的使用效率；最后，在检查管理环节，要落实相关的财务、审计、监察制度，三管齐下，严格按照制度办事。

一 健全激励企业参与职业教育机制

《2010—2020 年河南中长期教育改革和发展规划纲要》明确指出：切实落实公民教育捐赠在所得税税前扣除规定，并对捐赠者进行表彰，营造教育捐赠的良好氛围。要扩大捐赠渠道，减少捐赠环节，为捐赠者提供方便。鼓励社会资本举办教育。可以采取减免税收、土地划拨、资金扶持以及财政奖励等政策优惠，鼓励社会团体、企业以及个人投资兴办教育。根据有关国家政策，激励学校积极开展社会服务，对学校服务社会收入免税。然而，目前还缺乏对参与举办职业教育的行业企业有效的优惠政策支持，对参与合作办学、经费投入的企业没有出台减免税收、金融支持、政府奖励政策。由于制定政策的部门与执行部门归属不同的行业，利益的诉求不同，造成二者之间相互矛盾，支持职业教育的政策措施难以落地。这就要求政府部门在制定政策时，要协调好部门之间的利益与诉求，让支持职业教育的政策真正落到实处。

出台支持校企合作、捐资助学的政策措施。鼓励支持社会团体、行业企业不断加强与职业院校的深度合作，加强职业院校和企事业单位合作共建。深化职业院校管理体制机制改革，逐步形成政府引导、行业指导、企业主动参与、职业院校充分服务区域经济发展、行业特色鲜明、社会资本多元参与的职业院校办学格局；依托行业、企业办学，共建产学研合作机制，充分、合理利用企业场地、设备等资源进行实训、实习，共建生产性实训基地。聘请企业能工巧匠到职业院校兼职任教，挖掘企业专业技术人才优势，提升学生技术技能水平。同时，行业企业可通过有效利用合作院校资源，对员工进行岗位培训，大大节省培训成本，实现优势互补。

二　建立职业教育资金使用公开机制

十八届三中全会提出，全面深化预算制度改革，建立健全全面规范、公开透明的预算制度。李克强总理曾强调："所有使用财政资金的部门（除涉密信息之外），全部都要公开预算。"但职业院校作为公益性事业单位，几乎没有职业院校公开财政经费使用情况，职业院校预算编制也不在政府预算收支分类科目范围内，未形成统一的预算编制和公开标准。职业院校预、决算公开是政府充分获取职业院校办学信息，施行职业教育生均经费绩效评价管理的重要依据。职业院校财政资金使用情况公开于政府和社会群众的监督下，有助于促进职业院校提高财政资金拨付及使用效率，促进职业院校根据市场积极改革提高办学质量。中央财政应当加快制定和完善中、高等院校财政经费会计制度和会计准则，形成统一的财政资金收支编制方法，并在此基础上进一步推进中、高等职业院校财政经费公开透明。

三　建立职业教育经费绩效评价机制

建立职业教育经费绩效评价机制，加强职业院校经费绩效管理。辛斐斐和刘国永曾以因子分析法，提出构建职业教育财政经费绩效评价体系建议，认为建设职业教育财政支出绩效评价，应当从资源投入、产出与效果、发展能力、社会评价 4 个方面进行考核。针对构建高等职业教育财政经费绩效评价体系，谢虹提出财政经费绩效评价应当遵循可比性原则、目的性原则、系统性原则、适用性原则和经济性原则，并从资金哺育能力、财政资金产出效益、财政资金利用效率、发展潜力几个方面建立财政经费评价指标体系。针对构建中等职业教育财政经费绩效评价体系，胡茂波提出，构建财政经费绩效评价应当遵循价值指向原则、全面性原则、适应性原则，分别从支出类指标、产出类指标和增长类指标几个方面建立绩效评价体系。构建职业教育财政经费绩效评价体系，应当紧紧围绕现代职业教育体系构建主体，从学生规模统计指标、财政资金使用情况、职业教育产出与效果、职业教育建设水平、改革与规划指标几个方面进行综合评价。中央财政应当加快制定职业院校绩效评价指导意见，形成统一财政经费绩效评价管理框架，各地方政府根据本地区实际情况增加或调整财政经费绩效评价指标，建立完善职业院校财政经费绩效评价管理制度。同时，需要明确界定财政经费绩效评价管理中政府的职责范围，政府有权监督和设计指标评价职业院校财政经费使用情况，并按照规定给予奖惩措施，但应当严格禁止政府干预职业院校财政经费分配方案的制定和资金使用。

四 建立配套问责制度和奖惩制度

建立职业教育财政经费绩效评价管理制度体系,还需要建立配套绩效问责制度和奖惩制度。深化职业教育经费测评机制改革,政府部门应当根据财政资金拨付和绩效完成情况进行综合评价,评价财政经费使用效果和效率水平。绩效结果应当与财政经费拨付相挂钩。对于职业院校执行不存在困难但绩效评价较低的支出项目,应当按照一定标准降低财政经费拨付比例,直至职业院校整改完成再全额拨付。对于职业院校执行存在困难且绩效评价较低的支出项目,相关部门应当与职业院校共同研究分析改革方案,解决改革难题,如有必要时可变更或取消该支出项目。在预算公开环境下,建立绩效评价与奖惩机制结合的生均经费拨款制度,加强职业院校绩效管理,切实提高财政资金使用效率。

五 完善职业教育税收调节机制

培养职业教育市场竞争主体,加强公办、民办职业教育市场竞争,是有效提高职业教育整体办学水平的最有效手段。而建立完善职业教育税收优惠制度,则是鼓励支持民办职业院校建设发展的最有效工具。民办职业教育机构不断丰富和发展,现已初具规模,而支持民办教育机构的税收调节政策不够完善。虽然清理税收优惠政策成为当前全面深化税制改革的趋势和重要内容,但建立民办职业院校税收调节机制非常必要,符合全面深化财政制度改革的总体精神和要求。一方面,公办职业院校经费来源主要依靠财政经费,税收调节作用主要用于民办职业院校,税收调节作用明显。另一方面,建立民办职业院校税收优惠机制,广泛发挥财政收入支持职业教育职能作用,有助于缓解财政支持职业教育的支出压力。因此完善职业教育税收调节机制符合全面深化财税制度改革的精神和要求。所得税方面,进一步完善企业所得税费用扣除机制,促进民办职业院校现代化改革。探索制定教育机构购置教学仪器设备支出费用、实训基地建设,以及教师定岗实训费用等方面加计扣除机制,以上教学费用可以按照一定比例在计算企业所得税计税依据中加计扣除。鼓励社会资本加大实训基地建设、"双师型"职业教师队伍建设等方面的投入,促进民办职业院校加速改革,提高民办职业院校市场竞争优势。

六 探索多元主体参与职业教育办学

探索和吸引多元社会主体参与职业教育办学,一是探索建立股份制、混合所有制职业教育办学方式,通过"校董制"职业办学方式综合发挥公办、民办职业院校优势,突出职业院校办学优势。二是探索完善并推广政府和社会资本合作(PPP)投融资模式,吸引社会资本参与职业教育建设,缓解财政支出压力。

探索推进股份制、混合所有制职业教育办学模式,应当加快制定相关管理办法或实施细则,明确"校董制"职业院校法律属性和法律地位,规范"校董制"职业教育办学中各方主体的职责范围和行为准则。首先,应当规范股份制、混合所有制职业院校股权投入机制和收益划分，逐步开放股权、知识、技术、管理等要素投入办学。应做好股份制、混合所有制职业院校资本投入和股权比例划分工作，如涉及财政经费投入，应当明确院校每年财政经费投入形成机制；如涉及知识、技术、管理要素投入，应当聘请第三方独立机构进行资产评估，按照评估价值入股。股份制、混合所有制职业院校取得的经营收益原则上按照股权比例分配，学校章程另行规定的除外。

其次，应当规范股份制、混合所有制职业院校公司治理结构。股份制、混合所有制职业院校应当设有股东会、董事会、监事会、管理层等方面机构或人员设置，并明晰各方面权力、责任和利益划分。股东会由政府或各市场主体指派专人形成，制定职业院校学校章程，确定院校执教定位和发展方向。董事会从股东会成员中选举形成，负责制定职业院校教学方针和实施计划，以及常务政策决策，董事会需采用充分的民主决策机制。同时，吸收“校董制”普通高校经验教训，任何股东会、董事会成员均严禁参与职业院校管理，由董事会决策聘任专业管理团队进行院校管理。股份制、混合所有制职业院校管理层在公司章程的框架下制订院校组织机构设置、各项管理细则，组织开展职业教学实训工作。

第三，探索制定股份制、混合所有制职业院校员工持股激励机制。探索职业院校股份增发和员工股权激励机制，职业院校中具有一定职称、资格水平，或工作年限达到一定标准，对学校做出重大贡献的教师，实行教师持股激励机制。核定教师的股份需由董事会提出申请，经股东会批准后确定。教师持股可采用直接持股形式，也可以通过平台方式持股，教师持有股份可参加院校股东大会并参与讨论、决策。

第四，探索股份制、混合所有制职业院校准入和退出机制。探索股份制、混合所有制职业院校股票上市、新三板挂牌相关机制，允许一部分比例股权流动转让或上市交易，严格限制职业院校流动股不得参与职业院校股份会、董事会等管理决策。探索股份制、混合所有制职业院校股份退出机制，凡职业院校股东持有非流通股份达到重大比例上的，需设定锁定期，在一定期限内不得转让、退出。职业院校股东转让所持股份，其他股东可从享有优先购买权，如职业院校股东退出找不到对手方的，可按照一定折价转让与本地区政府。

七 明晰校企合作权责利益分配机制

要及时总结现代学徒制试点的经验教训，加快制定形成现代学徒制度相关规定、标准和实施指引，规范校企合作，明晰职责权属，指导学校和企业共同进行人才培养工作。首先，明确校企合作中校企双方职责划分，学校和企业共同参与人才培养，制定人才培养计划，学校应作为主导推动所有规划进行，企业主要行使过程监督和结果验收职能，中间穿插企业人员参与教学授课，学校教师进企业定岗实训等内容。让企业真正参加并融入合作中来，将职业学校学生当作未来公司的员工看待。其次，明晰学校和企业间成本收益归属，校企合作中学校的成本主要包括寻找企业的信息费用、谈判费用和监督费用；企业成本主要是实习生管理费用、生产风险成本、支付工资、食宿费用等。第三，校企合作组织科学研究和成果转化，应当提前制订科研计划实施方案，协商确定双方设备、技术等方面成本分担比例，以及研究成果、收益权属和分配机制，在权属明晰的条件下不断深化“产教研”相融合。

第二节 建立职业教育经费投入的长效机制

2013年以来,中央财政改变了项目管理方式,用以奖代补形式一次性下达职业教育补助经费(学生资助经费另行下拨),经费的具体使用、分配由各省进行统筹。要建立职业教育经费投入的长效机制,应重点做好以下工作。

一 建立科学的职业教育经费投入分配机制

中央财政对职业教育经费的投入按照总量控制、动态调整、突出重点、包干使用原则,利用因素法,分省进行匡算、突出经费绩效、进行综合平衡和逐年核定,不根据项目具体类别来确定职业教育经费的比例与额度,这种经费分配方式就是切块包干。主要分配因素包括:①基础因素。涵盖职业教育发展情况、财政情况、经费投入状况以及职业教育事业总体情况等。②绩效因素。涵盖对职业教育的重视程度、经费管理水平、经费使用效益等。③调整因素。主要因素包括政策导向、特殊困难以及突出问题等。这些评价指标数据,均来自国家事业和经费统计信息,以及教育部、财政部的监测数据。而分配因素及其权重,则依据实际情况进行及时调整。河南省要按照中央相关要求,充分考虑河南省职业教育的特点,以及人口大省、财政穷省、职业教育大省的特点,制订科学合理的分配方案。

二 建立职业教育经费投入的动态考核机制

职业教育中央财政以奖代补专项经费拨付各省后,各省要根据中央财政经费预算,结合本省实际确定项目进行经费支持,并将经费使用、安排情况以及项目管理、建设等情况报备教育部、财政部。为避免这种资金使用随意性,要建立职业教育经费投入的动态考核机制,主要涵盖经费绩效评价、审计监督、公示公告、预决算制度等。逐渐实现职业教育经费投入绩效评价全覆盖与经费使用过程全监控,并将经费绩效评价结果作为职业教育经费预算以及后续项目立项的主要依据。所有职业院校的财政经费投入项目都要拟定绩效考核目标,自行采集绩效运行数据,配合主管部门进行绩效考核,确保职业教育经费的使用效益。

三 完善职业教育的资金社会捐赠机制

随着改革开放不断深入,民间经济实力不断增强,社会捐赠机制条件已日趋成熟。社会捐赠已形成学校经费来源的一个渠道。《中华人民共和国公益事业捐赠法》的出台对鼓励民间资本捐赠中等职业教育也起到了促进作用。在不断完善捐赠相关法律法规的同时,政府应该加快税费改革的步伐,鼓励企业家和个人对中等职业教育的捐赠。如建立法规使捐助者在经济和名誉上得到双重回报;对设立教育资金的企业实行减免政策;个人捐资助学,可在他的资本源中免去资本增值税。学校也应该发挥自身的作用,通过社会捐赠成立相应的基金会,逐步做大规模,成为推动学校健康发展的支撑力量。同时,社会捐赠的资金要出台相应的管理办法和制度,实行教育捐助收支的透明化,使用的合理化,防止出现捐助资金的私吞、挪用等现象,以便教育捐资活动能有效地开展。

四 完善职业教育财务管理和使用制度

在教育经费的使用上,我们不仅要“开源”,更要“节流”。这就需要不断完善职业教育财务审计和管理制度。第一,加强对经费使用的监督检查。教育投资具有有效的管理才能使资源的利用率最大化,因此,有必要加强对教育经费拨款和使用情况的监督检查,确保资金安全和使用效益。首先,在职业教育资金的使用方面,各学校要坚持勤俭办学的原则,将有限的教育投入用在刀刃上,提高资金的利用效率与效益。各个部门的资金使用应用预算来保证机构的资金问题,以避免资金的浪费和不足问题。其次,在教育资金的监督方面,要建立健全财务制度和审计制度,加强对财务的核算管理。对资金的使用进行全程监督,通过监督提高财务的透明度和资金利用率,也可以有效避免资金使用方面的违规问题。第二,加强对教育机构内的仪器、设备的保管,并提高其使用效率,物尽其用。目前,我国有不少院校,有重复购置设备、闲置设备增多的问题。第三,提高管理水平。这包括两方面的工作,一是学校要提高对教育工作的管理水平,向管理要质量,提高教育经费的相对使用效率;二是教育部门和财政部门加强对教育经费本身的管理,包括加强教育经费的计划管理,建立效率高的财务管理机构,严格财务纪律。具体到实际工作中,注意克服由于管理制度不严带来的挪用教育经费,滥发钱财、铺张浪费的现象。

五 实行审计公告,提高经费使用效益

相关部门要实施审计公告,建立职业教育经费投入绩效评价体系,对职业教育经费在预算分配、使用过程和投入效果上进行评价和监督,保证职业教育经费的效益性和效率性。同时,要制定职业教育经费绩效评价制度,明确职业教育经费绩效评价的标准、工作流程、方法等;依据职业教育经费运行的各个环节,制定绩效评价制度,对经费使用效益的组织管理、实施程序、方法步骤的监管,对经费使用情况进行跟踪和监控,从而提高职业教育经费的使用效率;建立审计公告制度与责任追究机制,将绩效评价结果与各级教育部门尤其是管理者的福利待遇、职位升迁挂钩,对存在的问题依法追究责任。

六 创新职业教育经费投入的监管机制

要改变过去一竿子插到底职业教育经费管理模式,创新职业教育经费投入的监管机制,建立健全分级负责、绩效评估式经费监管机制。采用抓大放小方针,做好政策制订、协调统筹、全程监管等工作,对职业院校实行经费投入目标监管。在统筹安排职业教育经费时,要足额、及时下拨经费并进行监管,可以全面试行项目管理制度。教育行政管理部门对职业教育经费使用情况进行绩效评价,评价结论作为第二年度拨付职业教育专项经费的重要参考依据。

尽快搭建职业教育财政经费信息化管理平台,从建立、完善生均拨款制度,经费预算安

排,项目立项、实施,经费使用效益评价等方面,加强对各地市职业教育经费投入状况的监管,对大额经费使用情况进行动态审批、实施监控与有效管理。充分利用职业教育财政经费信息化管理平台,逐渐建立职业教育财政经费监测体系,建立动态可调的项目库,确保职业院校专项经费可查、可控、可考;加强收支两条线管理,所有收支活动均由规范的国库网上集中进行支付,使经费使用始终处在有效监管下,从根本上防止职业教育经费被挤占、挪用,推动河南省职业教育经费投入管理的科学化、精细化。

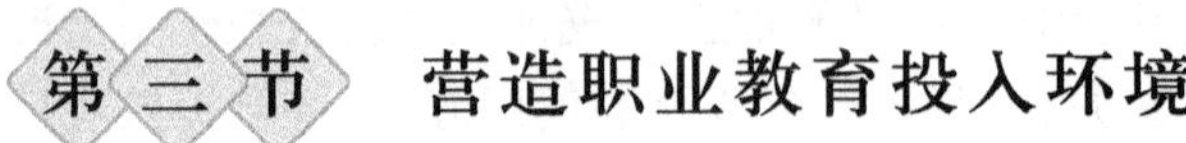

第三节 营造职业教育投入环境

一 出台支持民办职业教育的政策

政府应当营造职业教育公平竞争环境,实现公办、民办职业院校的公平竞争,在竞争中提高职业教育整体办学质量。坚持贯彻落实《财政部教育部关于建立完善以改革和绩效为导向的生均拨款制度加快发展现代高等职业教育的意见》和《关于建立完善中等职业学校生均拨款制度的指导意见》文件精神,建立生均拨款标准动态调节机制,统筹协调公办高职院校与本地区公办普通本科高校、中等职业学校生均拨款水平以及民办职业学校举办者生均投入水平。省级地方政府应当设计指标定期检测和评价民办职业院校生均投入情况,结合当地居民收入、物价等因素水平,形成规范的生均经费拨款形成机制,根据相关因素自动形成职业院校财政经费拨付额度。营造职业教育公平竞争环境,进一步扩大民办中等职业院校学生免学费范围。民办中等职业院校的在校农村(含县镇)学生、城市涉农专业学生和家庭经济困难学生,财政也给予免学费补贴。

二 完善职业教育社会投入法律环境

除了政府不断加大职业教育经费投入力度外,职业院校还应开源节流,多渠道积极筹措办学资金。国家出台政策积极鼓励社会捐赠助学。尽管我国有《捐赠法》,但针对职业教育的捐赠,我国尚未出台切实可行的法律法规来明确捐赠条件、受赠条件、法律责任及其捐赠优惠政策等。所以,职业院校应增强服务捐赠意识,设立捐赠委员会,由专人将捐赠人信息上报到相关部门,协调落实捐赠人应享有的政策优惠。同时委员会还应加强捐赠资金的管理,使资金流向透明化,保障资金专款专用。

职业院校应注重与各类媒体合作,加强宣传捐赠人的捐资助学义举,不断扩大捐赠人和职业院校的知名度。应定期筹办学院发展说明会,邀请社会热心人士和优秀校友参加,在互动中宣传筹资办学的政策和意义,通过多种渠道获得更多的办学经费。此外,还要与现有捐赠人保持密切联系,建立捐赠人服务平台,及时通报捐赠人办学经费使用、管理等情况,并授予捐赠人荣誉称号,或给予捐赠人奖学金、助学金、建筑物以及基金会等命名权,通过服务捐赠人,充分激发捐赠人的捐赠办学热情。

参 考 文 献

[1] Tsang, M. C. The Cost of Vocational Training[J]. International Journal of Manpower. 1997, 18(2):63-89.

[2] 袁迎菊. 澳大利亚高等职业教育经费筹措保障体制略论[J]. 煤炭高等教育,2008(9):82.

[3] 袁旖旎. 浅析澳德美三国职业教育经费筹措保障体制及其启示[J]. 科技视界,2016(4):170-171.

[4] 王军伟. 加大投入,实现职业教育公益性[J]. 教育与职业,2012(31):22.

[5] 郭国侠. 职业教育财政经费保障机制建设研究[J]. 中国职业技术教育,2012(12):5-11.

[6] 王风羽. 农村职业教育经费投入国际比较[J]. 会计之友, 2016(3):2-7.

[7] 张晨. 职业教育经费保障机制建设的背景与挑战[J]. 职教论坛,2015(4):16-18.

[8] 何璇. 我国中等职业教育经费投入现状、问题及对策研究[J]. 内蒙古师范大学学报(教育科学版), 2015(6):8-10.

[9] 黄磊. 我国高职教育经费投入的成绩、问题与政策建议[J]. 科教文汇, 2016(1):69-71.

[10] 朱爱国. 中央财政投入方式改变背景下的职业教育经费保障[J]. 中国职业技术教育, 2015(12):5-12.

[11] 耿洁. 我国职业教育经费投入现状与对策研究[J]. 中国职业技术教育,2015(12):13-20.

[12] 张晓云. 财政支持职业教育发展的几点思考[J]. 中国财政,2010(17):53-55.

[13] 刘向杰, 解福泉. 职业教育双主体办学的激励因素研究[J]. 中国职业技术教育,2014(12):22-27.

[14] 刘向杰. 高等职业教育现代化创新路径研究[J]. 教育与职业,2016(24):8-11.

[15] 李华玲. 基于责任政府的职业教育经费投入问题探析[J]. 职业技术教育,2014:46-50.

[16] 王瑞娟. 河南省高等职业教育经费投入体系分析[J]. 当代经济, 2015(34):115-119.

[17] 张鑫,魏娜. 从云南看中职经费投入差在哪[J]. 职业技术教育,2014,35(12):59-63.

[18] 姜月. 黑龙江省中等职业教育经费问题研究[D]. 哈尔滨:黑龙江大学,2015.

[19] 马欣,葛晶. 浅析辽宁省高等职业教育发展财政政策[J]. 辽宁经济管理干部学院(辽宁经济职业技术学院学报),2012(05):60-61.

[20] 韩永强,王晓莉. 山西省职业教育发展现状及问题研究[J]. 中国成人教育,2017(02):104-111.

[21] 徐晓燕,何应森. 四川省中等职业教育发展的实证分析[J]. 四川教育学院学报,2010,26(03):12-14,18.

[22] 房巍,陈衍. 我国省域职业教育经费保障竞争力比较分析[J]. 河北师范大学学报(教育科学版),2015,17(03):87-91.

[23] 蔡沅鑫. 云南中等职业教育的经费投入绩效研究[D]. 昆明:云南财经大学,2013.

[24] 徐溯,杨小雨. 我国职业教育财政投资体制的问题与改革方向[J]. 广州番禺职业技术学院学报,2011,10(02):19-22.

[25] 徐静茹,马树超. 各地建立职业教育经费保障机制的实践探索[J]. 职教论,2015(07):30-35.

[26] 刘晓,石伟平. 当前我国职业教育投入现状的分析与思考[J]. 职教论坛,2011(04):4-8.

[27] 辛斐斐. 全覆盖战略下职业教育财政政策研究[M]. 北京:人民出版社,2015.

[28] 夏容・考特. 澳大利亚国家培训局在澳大利亚职业教育与培训体系中的协调作用[J]. 职业技术教育,2003(36):28-30.

[29] 黄日强,何小明. 澳大利亚在发展职业教育中的作用[J]. 黄河水利职业技术学院学报 2006,(2):70.

[30] 李莉. 新加坡职业教育特色及对我国职业教育的启示[J]. 重庆职业技术学院学报,2008(02):14-16.

[31] 李晓杰. 中国和新加坡高等职业教育历史发展之比较研究[D]. 开封:河南大学,2009.

[32] 袁迎菊. 澳大利亚高等职业教育经费筹措保障体制略论[J]. 煤炭高等教,2008(05):82-85.

[33] 张丽英. 澳大利亚 TAFE 探究[D]. 上海:华东师范大学,2004.

[34] 王伟. 新加坡“教学工厂”的办学模式带来的思考与启发[J]. 江苏社会科,2011(S1):46-48.